mirco wolf wiegert

fritz gegen goliath

mirco wolf wiegert

fritz

gegen goliath

die fritz-kola story

wie man aus dem nichts
ein erfolgreiches unternehmen schafft

Econ

Unser Versprechen für mehr Nachhaltigkeit
• Klimaneutrales Produkt
• FSC®-zertifiziertes Papier
• Hergestellt in Deutschland

FSC www.fsc.org
MIX
Papier aus verantwortungsvollen Quellen
FSC® C014496

Econ ist ein Verlag
der Ullstein Buchverlage GmbH

ISBN: 978-3-430-21057-7

Buchumschlag & Daumenkino: Rocket & Wink, Hamburg
Innengestaltung: Tanja Pfaff, Hamburg
Gesetzt aus der Tasman
Satz: Eberl & Kœsel Studio GmbH, Krugzell
Druck und Bindearbeiten: GGP Media GmbH, Pößneck
Printed in Germany

für alle,
die mit fritz wach waren
und sind

vorwort
prolog
01 gründung
02 herkunft
03 aufbruch
04 marketing

inhalt

10

13

„komm, wir probieren mal was aus" 16
vom konzept zum rezept 24
vom produkt zur marke 34
wie in der wüste: der markt für softgetränke Anfang der 2000er 42
ohne moos viel los 47

woher ich kam 54

aller anfang ist … geil 68
die „gloriabar" 74
immer nah am kunden 79
der durchbruch 92
praktikanten und pioniere 101
ohne partner geht es nicht 109
das wissen der anderen 127

willkommen im wach 134
marketing & aktivismus 138
hauptsache aufmerksamkeit 144
markenpflege à la fritz 149

mit daumen-kino

▶▶▶

05 wettbewerb

06 herausforderungen

07 unabhängigkeit

nachwort

danke

autorenvita

abbildungsverzeichnis

wer ist david, wer ist goliath? 160
inspirationen und plagiate 169

wachstumsfreuden und wachstumsschmerzen 184
welteroberung à la fritz 194
anjola – eine ananas-limonade von 1952 stößt zu fritz 206
herumdoktern am relaunch 210
pannen, krisen und fehler 227

es ist eine große freude, unternehmer zu sein 242
was macht einen guten unternehmer aus? 251
haltung zeigen! unsere philosophie 270
gründen mit einem freund? 280
25 regeln, die für mich als unternehmer funktioniert haben 287

294

302

304

304

mit daumen-kino

▶ ▶ ▶

vorwort

„Guten Morgen Mirco, anbei findest du eine kurze Planung für nächsten Freitag. (Yann hat eine Route geplant, die wir sehr gut zu Fuß ablaufen können.)

Bis nächsten Freitag!

Yann & Jannis“

Nun sitze ich im Zug von Hamburg nach Berlin. Noch habe ich eine FFP2-Maske auf, aber draußen scheint die Sonne, die Impfungen machen Fortschritte und ein Ende der Covid-19-Pandemie scheint in Sicht. Es erwartet mich ein Tag in Berlin mit Yann & Jannis. Die beiden „fritzen“ sorgen dafür, dass es fritz-kola in Berlin überall dort gibt, wo es schön ist. All die kleinen Cafés, Bars, Restaurants, Dachterrassen, Parks, Clubs, Uferpromenaden; all die Plätze, an denen sich nun nach Monaten bald wieder Menschen tummeln werden. All die Orte, an denen eine eiskalte fritz-kola oder eine unserer Limonaden und Schorlen den Moment versüßt und wir die Gesellschaft anderer genießen. Wir werden mithelfen, all den Gastgebern und ihren Gästen in der Post-Covid-19-Zeit diesen besonderen Moment zu ermöglichen.

Ich weiß noch wie heute, als ich mit meinem alten VW-Bus von Hamburg nach Berlin gefahren bin, um das erste

Mal fritz-kola in diese vibrierende Weltmetropole zu bringen. Es war noch die Anfangszeit von fritz-kola. Wir hatten noch keine Mitarbeiter, kein Geld und wenig Erfahrung, wie es ist, ein „guter Unternehmer“ zu sein. Aber wir hatten einen spannenden Weg vor uns, bei dem uns viele tolle Menschen begleitet haben. Meistens Jungs und Mädels in den Zwanzigern, enthusiastisch, bei uns mitzumachen. Über die Jahre dann auch ältere Semester, um dem Enthusiasmus Erfahrung beizufügen. Heute, kurz vor Redaktionsschluss und Drucklegung dieses Buchs, ist fritz-kola volljährig, also erwachsen geworden. Mit unseren fast 300 fritzen in Deutschland, BeNeLux, Polen und Österreich verkaufen wir fritz-kola in fast alle europäische Länder und lasten fünf Abfüllbetriebe aus.

Auch wenn der größte Teil dieses Buches aus meiner Perspektive geschrieben ist, so war und ist fritz-kola immer mehr als die Story von „den beiden Gesichtern“ auf der Flasche, also Lorenz und mir. Fritz hat viele Menschen über Jahre begleitet: sei es als Koffeinexperte im Verkauf; als Barfrau im Nachtleben; Musiker, die unterstützt von uns ihre Tourneen überstanden; an der Abfüllmaschine, um in Nachtschichten im Sommer noch Ware bereitstellen zu können; als Fan, der sich über seine fritz an Orten freut, an denen er uns nicht vermutet hätte; als Hater, der sich über unsere Kommunikation und Haltung ärgert … Unzählige Menschen

haben uns begleitet. Einige werden hier im Buch zu Wort kommen.

Ich erzähle hier aber nicht nur unsere Firmengeschichte, sondern auch von meinen Erfahrungen, Krisen und Aha-Momenten als Unternehmer. Wer selbst vor der Gründung steht oder ein Start-up plant, kann daraus vielleicht Inspiration für sein eigenes Projekt ziehen oder Hilfe finden, eigene Wege zu beschreiten. Hauptsache, Ihr lauft los.

Wir leben in gesellschaftlich bewegten Zeiten. Mit meinem Buch möchte ich wertschätzend kommunizieren und allen Lesern, unabhängig von Geschlecht und Herkunft, ein leichtes Leseerlebnis anbieten. Ich habe mich darum gegen das Gendern im Allgemeinen entschieden und für die Nennung von Frauen und Männern im Besonderen, um allen gerecht zu werden und eine Bühne zu bereiten. Der Begriff „fritze" bzw „fritzen" ist grundsätzlich geschlechtsneutral und beschreibt schlicht die tollen Menschen, die für fritz-kola arbeiten.

Mirco Wolf Wiegert
Hamburg im Mai 2021

prolog

„Lorenz, so geht das nicht weiter! Wir müssen bekannter werden!“ Ich war nervös. Wir hatten erste Erfolge mit fritz-kola erzielt, und es zeichnete sich ab, dass unsere Geschäftsidee funktionieren könnte. Aber es war unglaublich mühsam, unser Produkt nur durch „Klinkenputzen“ bei einzelnen Kneipenwirten bekannt zu machen.

„Wir brauchen PR! Einen richtigen Aufschlag!“, argumentierte ich, als wir nachmittags das Schulterblatt in Hamburgs Schanzenviertel entlanggingen. Zwischen uns trugen wir einen Kasten mit fritz-kola – wir wollten uns einer neuen Bar präsentieren. „Aber wie erreichen wir viele Leute auf einmal? Wir haben kein Geld für Werbung! Und auch keine Pressekontakte!“

Damals, 2003, gab es zwar das Internet irgendwie schon, mit AOL und so was – aber von der Möglichkeit, eine Idee über Facebook, Twitter, Instagram oder YouTube in kurzer Zeit und sogar kostenlos zu verbreiten, war die Welt noch weit entfernt. Doch dann geschah etwas, was das ganze Ding zum Laufen brachte.

„Wir müssten uns mal mit Leuten zusammensetzen, die was von PR verst…“, setzte ich an. „Halt mal die Kiste!“, unterbrach mich Lorenz und sprintete plötzlich los – quer über

die Straße. Im Gegensatz zu mir fackelte er nie lange. Er war ein Machertyp – selbstbewusst und eine coole Socke. Also sprang er direkt vor einen ausparkenden Smart und klopfte ans Fenster der Fahrertür.

Das Auto war beklebt mit dem Logo der „Hamburger Morgenpost", einem damals auch von Studierenden viel gelesenen Boulevardblatt. Die *MoPo* ließ ihre rasenden Reporter seit einiger Zeit in diesen Smarts durch die Stadt fahren. Und Lorenz versuchte, den *MoPo*-Mann davon zu überzeugen, dass ihm eine echt gute Story entgehen würde, sollte er jetzt weiterfahren.

Die Neugier des Reporters war geweckt: Matthias Onken, nicht viel älter als wir, besuchte uns beide darauf in meinem Studentenwohnheim im Hamburger Westen. Wir drückten ihm gleich eine fritz-kola in die Hand. Als er die Flasche lässig mit seinem Feuerzeug öffnete, verpasste er sich selbst einen „Knutschfleck", als ihn der wegploppende Kronkorken mit ordentlich Druck am Hals traf. Mit so viel Kohlensäure hatte er nicht gerechnet. Er nahm's mit Humor – und eine Kiste mit in die Redaktion.

Am nächsten Tag sprach er vor der Hamburger Uni Studenten an. Die jungen Frauen und Männer auf dem Campus sollten unsere Kola testen und kommentieren. Ein paar Tage später erschien eine doppelseitige Reportage über die beiden Studenten, die den Weltkonzern Coca-Cola herausforderten.

Das war für uns wie ein Sechser im Lotto. Auf einen Schlag kannte uns die ganze Stadt. Die fritz-kola-Story konnte Fahrt aufnehmen.

01 gründung

„komm, wir probieren mal was aus!"

Ganz ehrlich:
Die unternehmerische Erfolgsgeschichte,
die die beiden schreiben sollten,
hätte ich mir damals
im Leben nicht vorstellen können.

matthias onken, damals *mopo*-reporter

Das Studentenleben war schon etwas Schönes. Für mich erst recht, denn ich hatte vor der Fachhochschule eine Ausbildung als Speditionskaufmann gemacht und wusste deshalb im Gegensatz zu manchen direkt von der Schule kommenden Kommilitonen zu schätzen, wie viel Freiheit ich als Student genoss. Mein Leben war stärker selbstbestimmt, als ich es mir als Angestellter jemals hätte erträumen können.

Ich konnte selbst entscheiden, ob, wann und wie intensiv ich mein Studium vorantrieb. Ich musste nicht morgens um sieben irgendwo auf der Matte oder an der Rampe stehen und Anordnungen befolgen. Und ich konnte mich abends und nachts in Bars herumtreiben. So viel Eigenverantwortung hat natürlich auch Tücken. Es braucht viel Selbstdisziplin. Wer dafür nicht geschaffen ist, versackt irgendwann als ewiger Student und Gelegenheitsjobber. Denn der berufliche Weg ist nicht vorgezeichnet. Was man später mal machen will, muss man sich selbst überlegen und die entsprechenden Schritte gehen.

In dieser Phase waren mein bester Freund Lorenz und ich 2002. Wir studierten und jobbten – und stellten uns die Frage, wie es nach dem Examen mal weitergehen sollte. Nach der Erfahrung in der Lehre wusste ich: Ich wollte mein eigener Herr sein, träumte davon, selbstständiger Unternehmer zu sein. Das war in dieser Zeit eher selten. Die meisten unserer Kommilitonen strebten eine Anstellung bei einem großen

Unternehmen an. Eine Start-up-Kultur wie heute gab es nicht. Anfang des Jahrtausends lief die Wirtschaft nicht gut – es gab eine Rezession und der Schock von Nine-Eleven wirkte noch nach. Der Neue Markt der börsennotierten Tech-Firmen war gerade zusammengebrochen und die Arbeitslosigkeit im Vergleich zu heute hoch. Für Uni-Absolventen war es schwierig, einen guten Job zu finden.

Auch die Neigung mancher Zeitgenossen, Ideen kaputtzureden mit Sprüchen wie „Das klappt ja nie“, war damals noch größer. Heute machen sich die Leute, die ihrem eigenen Können und ihren Visionen vertrauen, schneller selbstständig. Aber damals waren wir absolute Exoten mit unserem Drang, auf eigenen Füßen zu stehen – oder das wenigstens mal auszuprobieren. Wir hatten schlicht keinen Bock darauf, dass Chefs und Kollegen ihren Senf zu unserer Arbeit geben. Wir wollten stattdessen einfach mal gucken, wie Selbstständigkeit geht und wie weit wir kommen. Also Gewerbeschein holen, ein funktionierendes Office aufbauen, Rechnungen schreiben, das Produkt herstellen und verkaufen. Und schließlich damit Geld verdienen.

Aber wie ging so was eigentlich – ein Unternehmen führen? Immerhin hatte ich meine Studienfächer bewusst passend zu meinem Berufstraum Unternehmer gewählt: Außenwirtschaft und internationales Management, also so BWL-Kram. Und wie alle anderen Studenten der Betriebswirtschaft

in meinem Jahrgang hatte ich zum Studienbeginn am klassischen „Pizzaprojekt" teilgenommen, bei dem man durch Gründung eines virtuellen Pizzaladens das kleine Einmaleins des Unternehmertums kennenlernt, also die berühmten vier P: Preis, Produkt, Promotion (Werbung) und Platzierung. Dass auch weitere Themen auf uns zukommen würden, wie etwa Marktanalyse, Wareneinkauf, Buchhaltung, Personalplanung, Mitarbeiterführung, Kapital- und später auch Kreditmanagement und so weiter, haben wir damals nicht bis zum Ende durchdacht. Vielleicht war das auch gut so. Ich hatte einfach Bock, dieses 4P-Pizza-Projekt von der Fiktion in die Realität zu bringen, und zwar unbedingt zusammen mit Lorenz. Wir waren einfach neugierig, wie man ein Unternehmen führt. Darüber, wie wir so ein spielerisches Kleinunternehmen mit unserem Studium, unseren Jobs und unserem Privatleben unter einen Hut bringen sollten, haben wir uns damals keine Gedanken gemacht. Wir ließen es auch langsam angehen, haben uns vor der tatsächlichen Gründung ein Jahr lang nur gelegentlich mal hingesetzt dafür und waren nicht besonders diszipliniert. Aber manche Entscheidungen im Leben brauchen eben Zeit, um zu reifen – auch wenn man später nicht genau sagen kann, was man in dieser „Reifezeit" eigentlich genau gemacht hat.

Tatsächlich haben wir uns erst ziemlich spät festgelegt, worin unser Business überhaupt bestehen sollte. Wir hatten so ein Ideenheft, eine abgegriffene DIN-A5-Kladde, in dem wir mit unserer Krakelschrift alle möglichen Einfälle notierten. Die haben wir dann auch ein bisschen weitergesponnen und ausgearbeitet. So haben wir mal die Idee eines Bocadillo-Ladens durchgespielt – eine Art Bar, in der es geile Brötchen und geilen Kaffee gibt. Die Idee dazu hatten wir von einer gemeinsamen Interrailtour 1998 aus Spanien mitgebracht. Das Konzept war damals für Deutschland noch vergleichsweise neu und *Starbucks* selbst hat zu der Zeit hierzulande gerade die ersten Filialen eröffnet.

Ebenfalls in den gastronomischen Bereich ging die Idee, ein Hostel zu eröffnen. Auch an eine Putzkolonne haben wir gedacht. Man sollte einfach bei uns anrufen können, und wir kommen und machen für kleines Geld sauber. Es ging also um Angebote und Dienstleistungen, die Studenten in Anspruch nehmen würden oder sich wünschen. Aber auch über einen Hausmeisterservice haben wir mal diskutiert.

Klar war: Es sollte etwas Konkretes und nichts rein Virtuelles sein. Außerdem suchten wir eine Aufgabe, die Spaß versprach, die wir zusammen machen könnten. Bei einer Tiefkühlpizza und einer Cola in der Küche entstand schließlich die Idee, eine neue Kola zu entwickeln, die besser als andere und auch besser als der Marktführer ist: stärker, intensiver, mehr wach, weniger süß, keine Plastik-, sondern nur Glasflaschen. Zielgruppe: Studenten und andere ausgehfreudige

junge Leute. Und es sollte eine Kola sein, keine Cola. Nur ein Buchstabe, aber bis heute ein Symbol für alles, was wir anders machen wollten.

Wir waren wie berauscht von der Idee, denn uns beiden waren die Vorteile dieses Produkts sofort klar: Man kann Kola je nach Bedarf produzieren lassen sowie lagern und sie hält eine ganze Weile. Man kann sie an Firmenkunden (B2B) und Endkunden (B2C) verkaufen, und sie braucht sich auf, wird also nachgekauft. Weil sie tagtäglich konsumiert werden will und auch wenig kostet verglichen mit einem Luxusprodukt. Und die Herstellung einzelner Tranchen braucht nicht viel Kapital – denn alles, was mit teuren Maschinen und Anlagen zu tun hat, wird ausgelagert, also von anderen geleistet. Auch ein Ladenlokal oder so was brauchten wir nicht, sondern lediglich günstigen Lagerraum mit ein paar Quadratmetern Bürofläche dabei. Doch das Hauptargument für die Kola-Entscheidung war: Dieses Projekt versprach den meisten Spaß für die 7000 Euro, die wir aufbringen konnten. Weil eine Kola einfach ein geiles Produkt ist. Und weil wir uns damit weiter in dem Umfeld bewegen konnten, das wir mochten: Cafés, Clubs, Bars und Kneipen. Und dabei sogar Geld verdienen!

Schon damals hätten sicher die meisten bei „Start-up“ an Computer und Software gedacht. Aber das hätte uns nicht annähernd so viel Spaß gemacht – selbst wenn es mehr Geld gebracht hätte. Natürlich ging es uns aber nicht nur ums Vergnügen – dass die Gründung eines Unternehmens viel Arbeit bedeuten würde, war uns klar, und die Bereitschaft dazu brachten wir beide mit.

Dass fritz-kola so viel Erfolg haben und dass es so gut funktionieren würde, war damals überhaupt nicht geplant oder im Rahmen des Vorstellbaren. Wir haben uns nur gesagt, wir machen jetzt einfach mal eine Kola und gucken, was passiert. Gut oder schlecht, Fehler oder nicht: komplett egal! Einfach erst mal machen und schauen, ob wir damit wirklich Geld verdienen. Wir können jederzeit aufhören, wenn es nicht läuft, aus den Anfängerfehlern lernen und eine unserer anderen Geschäftsideen ausprobieren. Wir wollten Arbeit, Spaß und Unabhängigkeit unter einen Hut bringen. Es war also eher ein Projekt als der große Welteroberungsplan – allerdings mit echtem Geld und echten Menschen.

Übrigens notiere ich mir bis heute fast täglich neue Einfälle, Ideen und Inspirationen. Diese Ideensammlungen zu pflegen, ist auch eine Übung für mich selbst. Und es macht mir einfach Spaß, Einfälle kurz zu skizzieren und irgendwann weiterzuspinnen. Leider ist jedoch „Band 1“ des Ideenhefts mit unserer Kola-Idee bei einem der Umzüge unserer Firma verloren gegangen. Das kenne ich von vielen Firmen: Mit den Dokumenten aus der Anfangsphase geht man in den Jahren nach der Gründung leider ziemlich nachlässig um.

Einen Sinn für die Kostbarkeit von „Beweisstücken“ und eine Art Archiv für die Firmentradition entwickelt man erst später und nicht während der stürmischen Wachstumsphase. Ich kann nur jedem Gründer raten: Bevor Ihr Euren allerersten Ordner mit den frühen Ideenskizzen, der Gewerbeanmeldung und dem vielleicht sogar handgeschriebenen, dilettantischen Businessplan wegschmeißt, schiebt ihn Euch unters Bett oder lagert ihn bei Euren Eltern auf dem Dachboden. Später werdet Ihr froh sei, ihn zu haben, darin zu blättern und ihn anderen zu zeigen. Ich habe aus diesen ersten, stürmischen Tagen immerhin noch meinen ersten eigenen fritz-kola-Kasten.

vom konzept zum rezept

Eine ganze Weile hatten wir nur den abstrakten Plan: Wir machen eine Kola. Wir waren ja in erster Linie ziemlich normale junge Leute, die gerne auch mal Zeit vertrödeln und feiern, anstatt ein Projekt zügig und systematisch voranzutreiben. Studium, Freundinnen und Jobs forderten ihr Recht. Wir mussten schließlich Geld zum Leben haben. Allerdings war schnell klar, dass wir unsere Firma hauptberuflich machen wollten, sobald es ging. Zunächst war es aber gezwungenermaßen eine Nebenher-Beschäftigung.

Rückblickend halte ich es für einen Vorteil, dass wir schon aus Geldmangel einen Schritt nach dem anderen gehen mussten und nicht gleich einen Apparat mit Büroräumen, Personal etc. aufgebaut haben. So kannten wir über viele Jahre hinweg jedes Detail unseres Geschäfts, weil wir täglich selbst damit zu tun hatten. Wir kannten anfangs sogar jeden unserer Kunden persönlich und konnten jeden Tag die Situation im Markt studieren. Hätte uns gleich am Anfang ein reicher Onkel den Start finanziell ausgepolstert, wäre das sogar gefährlich gewesen. Mit viel Geld kann man auch viel Unsinn machen. Eine bescheidene finanzielle Situation erzwingt größere Sorgfalt und gründlicheres Nachdenken. Die größten Fehler haben wir bei fritz-kola immer dann gemacht, wenn wir genügend Geld zur Verfügung hatten.

Nebenher zu gründen war für uns die richtige Herangehensweise und kann auch für andere funktionieren – auch, weil man die Bodenhaftung behält, wenn man seinen Lebensunterhalt durch ganz normale Arbeit verdienen muss. Aber welche Strategie die richtige für ein Start-up ist, hängt natürlich vom Produkt ab. Wer wie beispielsweise Amazon auf einen neuen Markt zielt, in dem es nur darum geht, welcher Monopolist sich am Ende durchsetzt, muss von Anfang an voll auf die Tube drücken und dabei in Kauf nehmen, dass das Unternehmen über Jahre hinweg nicht profitabel ist. Auch wessen Erfolgsaussichten bombig sind, etwa mit einer

lukrativen Lizenz, kann von Anfang an in die Vollen gehen und dafür auch einen Kredit aufnehmen. Wer aber, wie wir damals, als kleiner Neueinsteiger in einen schon existierenden Markt rein will, sollte von Anfang an profitabel sein, nur Schritt für Schritt wachsen und flexibel bleiben, um die Lücken im Markt ständig neu zu suchen und zu finden. Abgesehen davon hätte es mir auch viel weniger gegeben, von Anfang an ein Jahresgehalt von 50 000 Euro zu kassieren und alle Aufgaben zu delegieren. Wir machen unabhängig unser Ding – die viele Arbeit und der anfangs sehr bescheidene Lebensstandard gingen für diese Freiheit voll in Ordnung. Dass an ein neues Auto, ausgedehnte Urlaubsreisen oder auch eine frühe Familiengründung damals nicht zu denken war, haben wir übrigens nie als Verzicht empfunden. Wir taten ja genau das, was wir am meisten wollten. Mit maximaler Kraft ein Unternehmen aufbauen und gleichzeitig maximalen Lebensstandard genießen, geht nun mal nicht.

Irgendwann Ende 2002 wurde uns klar, dass wir jetzt doch mal vom Konzept zum Rezept übergehen sollten. Wir hatten uns das ganz einfach gedacht: Zuerst würden wir im Internet nach Zutatenlisten und Zubereitungsanleitungen suchen, im Supermarkt und notfalls der Apotheke einkaufen und die Kola dann irgendwie zusammenmixen, bis sie uns schmeckte. Also nach dem Motto: eine Stange Zimt, etwas Vanille, ein paar Krümel Kardamom und Nelke im Mörser zerstoßen, dann ein paar Spritzer Bergamotte und Zitrone dazu, etwas frisch ausgepressten Ingwer abschmecken, einen großen Löffel Koffein aus Kaffee, eine Schippe Zucker, mit Karamellsirup zum Färben auffüllen, damit es schön schwarz wird, Wasser und Kohlensäure dazu, umrühren und fertig. Aber das erwies sich schnell als naiver Plan. Das konnten wir erst viele Jahre später umsetzen, als wir 2021 unsere fritz-kola bio-kola neu einführten.

2002 wussten wir noch nicht, wie man aus diesen Zutaten ein Getränk macht. Auch Zuckerkulör, also karamellisierten und dann verflüssigten Zucker, hinzubekommen, ohne dass es verbrannt schmeckt, ist keineswegs einfach. Es kam also nie so weit, dass wir irgendwas zusammenrührten – wir haben rechtzeitig begriffen, dass wir auf diese Weise niemals eine Kola hinkriegen würden. Heute weiß ich übrigens, wie man eine hervorragende, klassische Kola zusammenbraut oder eine echte Bio-Kola. Letztere ist etwas einfacher, weil man bei Bio-Rezepturen mit weniger Zutaten auskommen muss. Wir haben heute bei fritz-kola erfahrene Kollegen, Frauen wie Männer, die tief ins Detail einsteigen. Damals war klar: Wir brauchen professionelle Hilfe. Jemanden, der uns die Kola nach unseren Vorstellungen produzieren würde. Also recherchierten wir die Adressen von Brauereien und Mineralwasser-Produzenten und klemmten uns ans Telefon. „Guten Tag, hier Wiegert, können Sie uns ein neues Kola-

Rezept erfinden? Und dann ein paar Kisten davon produzieren?“ Von schallendem Gelächter bis konsterniertem Schweigen erlebten wir ziemlich viel, es war echt mühsam und eine Übung in einer wichtigen Unternehmertugend: Frustrationstoleranz. Als Gründer musst du manchmal jeden Tag mit dem Kopf durch die Wand, aber das ist die Basis des späteren Erfolgs. Nachdem wir über vierzig Absagen kassiert, uns weiter durchgefragt und nicht aufgegeben hatten, wurden wir dann Ende 2002 schließlich bei einer kleinen Brauerei im Weserbergland fündig. „Jungs, ihr habt ja keine Ahnung“, meinte der Braumeister freundlich-mitleidig. „Aber klar kann ich euch helfen. Erzählt mir einfach, was ihr genau wollt, und dann machen wir da was Schönes draus.“ Jackpot!

Was wir wussten: Es ist Quatsch, so schmecken zu wollen wie der Marktführer. Denn dann kaufen die Leute dessen Produkt. Unsere Kola sollte erst mal klar nach Kola schmecken und ordentlich Koffein beinhalten, aber weniger süß sein und zitroniger – also ein bisschen erwachsener. Letztlich wollten wir eine Kola, die uns selbst schmeckt und die cool rüberkäme. Das ist beim Entwickeln von Produkten ja oft ein gutes Kriterium: Würde ich es selbst nutzen oder konsumieren, verschenken oder geschenkt haben wollen? Wenn man ein qualitativ hochwertiges Produkt hat und selbst Fan davon ist, kann man damit auch andere anstecken und die Begeisterung in die Welt tragen.

Der Braumeister war zum Glück auch angefixt und hat für uns sein Netzwerk aktiviert. Die Rezepte für viele Colas und Limos werden nämlich häufig von darauf spezialisierten Experten bei den Vorlieferanten der Getränkeindustrie erfunden. Sie beziehen die Aroma-Grundstoffe aus extrahierten Rohstoffen und machen daraus einen Sirup. Der wird dann später mit Wasser, Kohlensäure und Zucker in dezentralen Abfüllbetrieben zusammengemischt und zum fertigen Endprodukt in Flaschen verarbeitet. Und so fuhren wir, nachdem der Braumeister uns Vollzug gemeldet hatte, zu ihm hin und bekamen von ihm zwei verschiedene Kola-Sorten verkostet. Uns schmeckten beide, und so baten wir ihn, eine kleine Menge davon zu produzieren und in normale braune Bierflaschen mit unterschiedlichen Deckelfarben abzufüllen. So konnten wir Rezept A mit weißem Deckel von Rezept B mit grünem Deckel unterscheiden und später eine Entscheidung fällen. Wir gaben eine kleine Charge, 170 Kisten, der beiden Sorten in Auftrag und fuhren glücklich zurück nach Hamburg.

Hätten wir eigentlich den Geschmack einer Coca-Cola nachempfinden können? Vielleicht, auch wenn alle guten Rezepte gut verschlossen aufbewahrt werden, so lässt sich mit einiger Expertise und Geduld jedes Rezept nachbauen. Selbst wenn die Originalrezeptur streng geschützt in einem Tresor in Atlanta liegt: Letztlich geht es um die Frage, wer überhaupt

den Unterschied zwischen Original und einer Kopie merkt. Denn die Leute kaufen sich ein Getränk – und es schmeckt halt, wie es eben schmeckt. Wer macht schon einen 1:1-Vergleich, um diese Nuance herauszufinden: Schmeckt das nun ein kleines bisschen anders? Wenn der Geschmack den Erwartungen des Konsumenten entspricht, ist alles gut. Wie viele Milligramm exakt wovon drin sind, ist zweitrangig.

Uns war ein eigener, etwas erwachsener Geschmack wichtig. Die neue Kola sollte einen richtigen Koffein-Rausch auslösen, viel stärker als bei Coca-Cola. Man sollte mit unserer Kola lange Nächte durchhalten. Wir wollten, dass sie richtig knallt und fit macht für die nächsten Stunden. Dass sie wirkt und die Leute wirklich wach werden und bleiben – für gute und lange Konzentration im Studium, beim Vorbereiten von Projekten, beim Feiern. Deshalb haben wir die damals für Kolas maximal zulässige Dosis Koffein reingetan: 25 mg auf 100 ml. (Zum Vergleich: Coca-Cola enthält ca. 10 mg.). Der Slogan „vielviel Koffein" ist also wörtlich zu nehmen.

Aus diesem Grund ist fritz-kola – wie auch Coca-Cola und alle anderen Colas – übrigens nichts für Kinder. Da ist 'ne Schaufel Koffein drin! Koffein ist als psychoaktive Substanz etwas für Erwachsene, wie Alkohol, und gehört nicht in Kinderkörper. Deshalb haben wir auch nie Werbung gemacht, die auf Kinder und Jugendliche zielte.

Eine Cola ohne Koffein ist für mein Empfinden sinnlos.

+ Zitronen-
fritz-kola®
KOFFEINHALTIGE LIMONADE
zutaten: wasser, zucker, kohlensäure, farbstoff E150d,
säuerungsmittel E338, koffein, natürliches aroma
von lorenz hampl & mirco wolf wiegert
kaulbachstr. 19 22607 hamburg www.fritz-kola.de

Man will ja diesen Kick. Wer Cola trinkt, will nicht bloß süße Limo, sondern braucht diesen Tritt vom Koffein. Energydrinks dürfen übrigens mehr Koffein enthalten. Dafür muss man aber auch den Geschmack von Gummibärchen, Taurin oder übersüßten Früchten ertragen.

Ein weiteres wichtiges Anliegen war uns von Anfang an die Glasflasche. *No plastic.* Wobei es dabei, ganz ehrlich, anfangs nicht um Ökologie und Nachhaltigkeit ging, dieses Bewusstsein musste auch bei uns erst reifen. Wir dachten bei der Glasflasche an den puren Genuss einer Kola. Und wir wussten aus Erfahrung: Wenn man nach einem anstrengenden Tag völlig fertig nach Hause kommt und sich mit einer eiskalten Cola belohnen will, ist es ein Riesenunterschied, wie man sich auffrischt. Entweder füllt man aus einer großen Plastikflasche (die vielleicht nicht mal in den Kühlschrank passt und aus der schon viel Kohlensäure entwichen ist) Cola in ein Glas oder trinkt direkt aus der immer irgendwie lauwarm wirkenden Flasche – oder man nimmt sich eine eisgekühlte, kleine Glasflasche und genießt die frische kalte Kola. Nur so hat es was von „Gönn dir!“, wirkt wie ein Belohnungsmoment. Direkt aus der kleinen Glasflasche schmeckt es definitiv anders als aus Plastik oder einem Glas. Vielviel besser.

Auch die Coca-Cola-Werbung transportiert diese Botschaft übrigens: Der Mann im Unterhemd, der an einem heißen Tag seinen Durst löscht, trinkt selbstverständlich aus einer kleinen Glas-Portionsflasche und nicht aus einem 1,5-Liter-Gebinde oder einem lauwarmen Senfglas aus Muttis Schrank.

Ach so, die Glasflaschen: Heute sind das so schlanke Dinger aus Weißglas. Und für die kleinen Portionen in der Bar eigens von uns entworfene Flaschen. Aber damals mussten wir natürlich bereits existierende Flaschen einsetzen. Der erste Produkt-Test lief mit besagten braunen Bierflaschen. Die sahen eher nach Kola in einem Beta-Status aus, und wirkten noch nicht so klassisch cool, wie man es von einer Kola erwarten könnte. Damit man sehen konnte, dass da Kola und kein Bier drin war, haben wir uns ab der zweiten Tranche für weiße Bierflaschen entschieden. Die Anmutung fanden wir und unsere Testpersonen für ein Szenegetränk ziemlich passend. Sie unterstrich den Charakter von fritzkola als Party- und Bar-Getränk. Außerdem war es ungewöhnlich. Zur Wahrheit gehört aber auch, dass wir Bierflaschen aus reinem Pragmatismus gewählt haben: Denn in der produzierenden Brauerei konnten schlicht nur Bierflaschen abgefüllt werden.

vom produkt zur marke

Wir wussten nun also, was wir herstellen wollten, wie es schmecken und wirken sollte und worin es abgefüllt werden sollte. Aber das Kind brauchte ja auch einen Namen – und einen dazu passenden optischen Auftritt. Heute weiß ich, dass wir bei diesem Schritt aus dem Bauch heraus sehr viel richtig gemacht und damit ganz sicher zum schnellen Erfolg und dem positiven Image der Marke beigetragen haben. Ich würde gerne behaupten, dass wir das alles ganz strategisch geplant haben damals ... Natürlich wollten wir eine relevante Marke schaffen, und wir wussten auch, was „relevant" aus unserer Sicht bedeutete. Was heute als Geniestreich von zwei Studenten gefeiert wird, war jedoch eher aus der Not geboren.

Beginnen wir mit dem Namen. Er hat zweifellos einen erheblichen Anteil am Erfolg. Hätten wir dasselbe Produkt unter dem Namen „Elbwasser" angeboten, wären wir heute sicher nicht dort, wo wir sind. Und umgekehrt: Auch ein ganz anderes Produkt hätte – wenn die Qualität stimmt – sicherlich Erfolg, wenn es unter dem Namen „fritz" vermarktet würde. „fritz" – das klingt ein bisschen frech und lustig, wie Klein Fritzchen. Es klingt urdeutsch, irgendwie auch norddeutsch, und es verrät international sofort die Herkunft. Der „Fritz" wird ja in vielen Sprachen als Synonym für „den Deutschen" verstanden. Zum Glück weckt „deutsch" nicht mehr pauschal die Assoziation „Tausendjähriges Reich“. Heute schwingt bei deutschen Produkten eher die Anerkennung für Qualität „Made in Germany“ mit. Aus unserer speziellen Club- und Gastro-Perspektive sorgt der weltumspannende Berlin-Hype ebenfalls für ein positives Deutschlandbild und hilft eher dabei, eine Marke deutschen Ursprungs in andere Länder zu verkaufen.

Wir hatten damals eine ganze Liste möglicher Produktnamen, etwa 30 müssen es gewesen sein. Leider ist die Liste verloren gegangen. Aber die meisten Ideen betonten das für uns zentrale Hamburgisch-Norddeutsche auf eher konventionelle Weise: „Alster-Kola“, „Elb-Kola“, „Nord-Kola“, „Hamburg-Kola“ und so was in der Art. Der Geistesblitz „fritz“ war eher ein Ausreißer bei unserem Brainstorming. Er gefiel uns am besten – aber wir wollten uns nicht nur auf unsere eigene Einschätzung verlassen. Für professionelle Marktforschung hatten wir allerdings kein Geld. Deshalb haben wir uns damals ein paar Stunden vor ein Einkaufszentrum in der Hamburger Straße gestellt und Passanten befragt, welcher der Namen auf der Liste ihnen am besten gefalle für eine Hamburger Kola. „fritz“ lag mit riesigem Abstand vorn. Damit stand der Name fest. Für mich ist der Prozess der Namensfindung ein positives Beispiel für die Kreativität, die der Geldmangel freisetzte. Wir mussten uns selbst Gedanken machen. Mit einem „reichen Onkel“ im Rücken hätten wir

möglicherweise nacheinander drei Agenturen mit der Namensfindung beauftragt, dafür 20 000 Euro ausgegeben – aber auf „fritz" wäre wahrscheinlich keine von ihnen gekommen. Der Prozess des Selbst-Überlegens ist wichtig für ein Unternehmen – solange die Diskussionen nicht zum Selbstzweck werden und sich im Kreis drehen. Das lähmt dann eher. Aber generell lernt man aus dem Prozess – und nicht zuletzt aus den Fehlern, die man dabei macht.

Parallel haben wir am optischen Auftritt der Marke gearbeitet. Normalerweise kostet allein das Entwickeln eines Logos zusammen mit einer darauf spezialisierten Agentur sehr viel mehr, als wir insgesamt für unser kleines Start-up zur Verfügung hatten. Um Geld zu sparen, haben wir das Logo schwarz-weiß angelegt – der Druck der Etiketten war so günstiger, als wenn sie in Farbe gewesen wären. Und wir wählten als Motiv Fotos von uns selbst – weil wir so keine Bildrechte bezahlen mussten. Wir haben uns einfach gegenseitig vor einer weißen Wand im Tischtenniskeller des Studentenwohnheims mit so einem analogen Old-School-Fotoapparat abgelichtet und die Filmrollen bei Budni, einer Hamburger Drogeriekette, entwickeln lassen – immerhin schon als digitale CD. Wir haben die Fotos dann zu Hause am Rechner mit der damaligen, heute nur noch im Museum anzutreffenden MS-WORD-Version irgendwie zusammengeschoben und daraus eine schwarz-weiße Silhouetten-

Grafik gemacht. Damit sind wir zu einer Nachbarin im Studentenwohnheim gegangen und haben sie gebeten, unseren krakeligen Scherenschnitt etwas gefälliger zu machen. Und fertig war das langjährige Erkennungszeichen von fritz-kola: die Köpfe zweier Studenten als Scherenschnitt in Schwarz-Weiß

Fehlte noch der eigene Schriftzug. Dafür habe ich zwei Wochenenden lang zu Hause rumexperimentiert und Rastergrafiken zusammengebastelt, bis wir am Ende die Basis für eine eigene, neue Schrift und unseren Schriftzug hatten. So mussten wir keine Lizenzgebühren für eine bestimmte Typo zahlen. Low-Budget also, wohin man schaut. Die Kleinschreibung haben wir gewählt, weil uns das neu und modern erschien. Und sie kam unser beider Unlust entgegen, uns mit komplizierten Rechtschreibregeln zu befassen. Nun wollten wir noch wissen, wie unsere Kola überhaupt ankam bei den Leuten. Die von der Brauerei gelieferten Flaschen mit weißem bzw. grünem Deckel haben wir noch aufgehübscht mit unseren selbst designten Etiketten. Die Etiketten haben wir im Copyshop vervielfältigt und mit Klebestift auf die Flaschen gepappt.

Und dann kam der Moment der Wahrheit in Form eines Feldversuchs: Ende 2002 haben wir bei mir im Studentenwohnheim „Emil-Wolff-Haus“ in Hamburg-Othmarschen, in der Kellerbar, eine Party gemacht. Wir haben Penny-Rum

und Wodka als Mische mit unseren Kolas verkauft. Und dann sollten die Mitbewohner und Gäste einfach abstimmen, welche Kola besser geschmeckt hat. Dazu führten wir eine Strichliste bei uns am Tresen. Die Leute wussten, dass sie Versuchskaninchen waren und wir diese Kola extra hatten produzieren lassen – und fanden das auch ganz spannend. Was sie aber nicht wussten, war, wie viel Koffein da drin ist. Zur allgemeinen Verblüffung ging die Party bis morgens um zehn. Das Zeug wirkte also schon mal und schmeckte – und bescherte den Leuten eine geile Partynacht. Das Siegerrezept bekam eine klare Mehrheit – es war die Kola mit dem weißen Deckel. Ob die Leute im alkoholbenebelten Zustand noch weiße und grüne Deckel unterscheiden konnten oder wollten, weiß ich nicht. Aber egal, Entscheidung war Entscheidung, sodass wir dann die erste richtige Charge, 240 Kisten à 24 Flaschen auf 6 Paletten in weißen Bierflaschen, bestellt haben.

Da uns die Lieferung nach Hamburg mit einer Spedition zu teuer war, kutschierten wir mit einem alten T3, also dem Bulli, und einem viel zu großen Hänger dort runter, um die Kisten selbst abzuholen. An jenem 30. Januar 2003 war der Tag der allerersten Produktion von fritz-kola. Wir schauten zu, wie unsere Kola in einem großen Tank ausgemischt wurde – ein irres Gefühl. Dieses sehr einfache Verfahren, in einem Tank erst Kristallzucker aufzulösen, dann Wasser und den Sirup mit den Extrakten dazuzugeben, war damals sehr handwerklich, reichte aber völlig zum Start aus. Da wir noch keine Lagerräume hatten, haben wir unsere Ware eine ganze Weile verteilt auf die Keller und Garagen unserer Verwandten gelagert. Die erste Charge hielt bis April, dann mussten wir schon nachbestellen.

Der offizielle Beginn unseres Gewerbes war übrigens denkbar unspektakulär, also kein feierlicher Akt: Am 28. Februar 2003 sind wir einfach zur Handelskammer am Adolphsplatz hinter dem Hamburger Rathaus gegangen und haben die „Hampl & Wiegert GbR“ angemeldet. Kostete 28 Euro pro Nase. Das war‘s. Irgendwelche Geschäftspläne oder so was wollten die nicht sehen. Anders als ein gerne bemühtes Klischee behauptet, ist es supereinfach, in Deutschland ein Gewerbe anzumelden. Es gibt vielleicht manchmal eine überbordende Bürokratie und dafür mahlen die Mühlen etwas langsam, aber gründlich: Durch unsere Anmeldung wurden wir automatisch (Zwangs-)Mitglied der Handelskammer. Aber da die Beiträge sich am Umsatz orientieren, war das nicht zu schmerzhaft. Und wir wurden ans Finanzamt gemeldet und bekamen eine Steuernummer. Damit konnten wir dann richtig loslegen.

Einige Monate zuvor hatte ich bereits online die Wort-Bild-Marke beim Markenamt in München angemeldet. Bis heute kann man im Netz sehen, dass diese Markenanmel-

dung am 11. November war – und wie frickelig und selbst gebaut das Logo und der Schriftzug anfangs aussahen. Inzwischen haben wir das optisch ein wenig geglättet und die Schrift über die Jahre immer wieder ein wenig modifiziert. Aber das sieht man nur, wenn man es weiß und ein spezielles Auge dafür hat.

Fritz-kola wurde am 11. Februar 2003 ins Markenregister eingetragen; die Anmeldung galt zehn Jahre lang, musste also im Dezember 2012 verlängert werden. Außerdem haben wir noch eine Betriebshaftpflichtversicherung abgeschlossen, damit wir uns nicht plötzlich verschulden müssen, weil wir beim Ausliefern aus Versehen andere, teurere Autos beschädigt haben oder so was. Mehr gab es nicht an Formalkram.

Wir fanden jetzt, dass wir alles Nötige getan hatten, um loszulegen. Später sind wir immer wieder gefragt worden, ob wir denn keinen Businessplan gemacht hätten, mit Umsatzprognosen und so weiter. Ob wir uns Gedanken über unseren Marken-Auftritt gemacht hätten. Wie wir unsere Story transportieren wollten und so was. Haben wir gemacht. Wir hatten eine ganze DIN-A4-Seite. Der Originalplan ist leider verloren gegangen, aber er lässt sich leicht rekonstruieren. So sah er in etwa aus (ernsthaft!):

wir werden uns kein geld leihen.

businessplan:

das produkt:	kola mit vielviel koffein, weniger süß und nur in glasflaschen
das team:	lorenz und ich
zielgruppe:	studenten und alle, die in der schanze und auf st. pauli rumlaufen
preis:	in der nähe von coca-cola
distribution:	über gastronomiebetriebe (cafés, bars, clubs), die wir erst mal selbst beliefern
werbung:	keine (idee und geld)
wettbewerber:	coca-cola
marktgröße:	unendlich
organisation:	wir machen beide erst mal alles, außer die buchhaltung. dafür engagieren wir ein steuerberatungsbüro
büroräume:	nicht nötig
lager:	bei verwandten in kellern und garagen
finanzmodell:	grobe produktkalkulation: was darf eine fertige flasche fritz-kola für uns kosten, welche kosten kommen noch dazu und was bleibt für uns übrig, wenn wir die kola für einen preis von x verkaufen??
unser einsatz:	7 000,00 euro + ein golf, ein bulli, zwei rechner und drucker plus vielviel herzblut.

Das war unser Geschäftsplan. Wir haben von einer Start-up-Initiative ein schlaues Buch empfohlen bekommen und wussten sehr wohl, dass eine DIN-A4-Seite etwas mager ist. Vor einer epischen Planung wollten wir aber erst mal Erfahrungen und echte Zahlen sammeln. Heute fasse ich mir manchmal selbst an den Kopf, wie wenig wir am Anfang über die Produktion von Softdrinks, über den Markt, über Marketingkonzepte und so weiter wussten …

wie in der wüste: der markt für softgetränke anfang der 2000er

Man kann sich heute kaum noch vorstellen, wie armselig das Angebot an nicht alkoholischen Getränken zu Beginn des Jahrtausends war. In puncto Cola und

coca? cola? kola?

Die Bezeichnung Cola geht auf einen medizinischen Sirup zurück, den der amerikanische Apotheker John Pemberton 1885 unter Verwendung der stark koffeinhaltigen Kolanuss zusammenmixte. Die Bezeichnung „Coca“ hingegen orientierte sich am „Coca Vine“, der wiederum eine Variante des „Vin Mariani“ war: Bordeaux-Wein „à la coca du Pérou“, also mit echtem peruanischem Koks. Gab extra Energie, beflügelte die Fantasie und unterdrückte den Hunger. Heute würde man den Mix wohl „Partydroge“ nennen. Bis 1903 enthielt das – sehr schnell begehrte und beliebte – Fitmacher-Getränk von Pemberton noch Kokain, und so entstand für die Vermarktung der Name „Coca-Cola“. Allerdings wäre es falsch, die heute dominierende Marke als „Original“ zu bezeichnen. Es gab damals in den USA zahlreiche Kolas.

Limonaden herrschte in Deutschland 2002 noch eine Art Planwirtschaft: Es gab nur das Nötigste. In den meisten Gaststätten also ein Null-acht-fünfzehn-Mineralwasser, dazu Coca-Cola (oder manchmal Pepsi-Cola), Fanta und Sprite sowie Apfelsaft. Für Kinder gab es „Spezi“, also Cola und Orangenlimo zusammengemischt. Wenn man irgendwo Orangensaft oder gar Tomatensaft bekam, war man schon in der gastronomischen Business-Class gelandet. Und manchmal gab es – Revolution! – „Kiba“: Kirschsaft mit Bananensaft. Das war’s. Die Cola gab es meistens als offenes Getränk im Glas, eingeschenkt aus einer 1-Liter-Plastikflasche.

Mit dieser Eintönigkeit konnten doch eigentlich weder Gäste noch Gastronomen zufrieden sein?! Es musste doch Platz sein für was Besseres?! Wenn noch

Als wir 2002 unsere Marke erfanden, wollten wir uns natürlich möglichst stark vom Monopolisten absetzen und entschieden uns daher für die Schreibweise mit „k“. Was wir damals nicht wussten, aber später mit Freude hörten: Im Spanischen dient das (eigentlich inexistente) „k“ häufig zur bewussten, widerständigen Falschschreibung. So liest man für „besetztes Haus“ oft „kasa okupada“ (statt „casa ocupada“). Schöner könnten wir unser „k“ nicht begründen. fritz-kola soll aufwecken, deshalb stören wir mit unserem „k“ gerne die Lesegewohnheit. Übrigens: Mit unserer Schreibweise orientieren wir uns zwar an der deutschen Schreibung der ursprünglichen und namensgebenden Kolanuss – aber die meisten heutigen Colas enthalten diese Zutat gar nicht mehr. Heute wird die gewünschte Menge Koffein direkt und pur dazugegeben. Wir bei fritz verwenden natürliches Koffein aus Kaffee.

keine neuen Limonaden-Geschmäcker, wie auch wir sie heute anbieten, dann doch zumindest mehr als eine Cola zur Auswahl? Um als Unternehmer eine Marktlücke zu entdecken, haben wir also geguckt: Was nervt uns als Konsumenten, wo gäbe es Verbesserungspotenzial? Natürlich war uns auch der Coolness-Faktor wichtig – des Produkts, aber auch seiner Verpackung: Mit einem Glas lauwarmer Cola in der Hand konnte man nicht annähernd so eine gute Figur machen wie mit einer im mehrfachen Sinne coolen Flasche. Heute würde man von „instagrammable“ sprechen: Ein Produkt oder ein Setting werden so attraktiv gestaltet, dass ihr Bild sich über soziale Medien verbreitet und auf einem Handydisplay gut aussieht. Aber auch lange vor Instagram zeigte sich schnell, dass wir mit unserer Idee irgendwie den Zeitgeist getroffen hatten. Dass wir ihnen eine Alternative boten, fanden viele Gastronomen gut. Zumal es auf dem Biersektor ja gerade vorgemacht wurde mit stylishen Flaschen und Marken wie Beck's, Astra, Tannenzäpfle oder Corona.

Natürlich legten wir uns mit einem echten Goliath an. Coca-Cola war damals der Inbegriff einer Weltmarke. Der Konzern hatte nicht nur auf dem Getränkemarkt eine Alleinstellung. Damals hätte auf die Frage nach *dem* Weltkonzern niemand Amazon, Google oder Apple genannt – aber viele Coca-Cola. Wir waren dagegen einfach nur zwei Studenten, die eine neue Kola rausbringen wollten.

Aber gerade weil es im Grunde nur diesen Platzhirsch gab, war es für uns einfacher, die notwendige Aufmerksamkeit zu bekommen und Interesse für fritz-kola zu wecken. Gastronomen und Einzelhandel waren bei Spirituosen, Bier und Zigaretten an Wettbewerb gewöhnt; nur bei Cola und Limonaden gab es zu dieser Zeit quasi keine Konkurrenz. Und weil sie dieses unangefochtene Monopol hatten, waren die Coca-Cola-Leute in Sachen Service eher nachlässig. Sie mussten sich nicht um die Gastronomen und den Einzelhandel bemühen. Denn niemand hätte es sich leisten können, keine Coca-Cola zu führen. Dabei waren die Gastronomen es gewohnt, von diversen Brauereien, Spirituosen- oder Zigarettenmarken als Kunde umgarnt und gepflegt zu werden (was wir damals allerdings noch nicht wussten). Der Softgetränkebereich hingegen war total vernachlässigt.

Dass wir persönlich in den Bars vorbeikamen und ganz normal freundlich waren, war für die Gastronomen also eine ganz neue Erfahrung. Dabei wussten wir gar nicht, wie Coca-Cola in Bezug auf den Service und seine Kundenansprache arbeitete. Es war also keineswegs ausgeklügelte Strategie, sondern wir hatten einfach Bock, selbst in den Bars vorbeizuschauen. Davon abgesehen kannten wir auch gar keinen anderen Vertriebsweg. Aber die Sicherheit, in der der Marktführer sich wiegte, spielte uns natürlich in die Karten.

Geholfen hat uns im Nachhinein betrachtet auch, dass Coca-Cola damals noch dazu in einer Umstrukturierung steckte und stark mit sich selbst beschäftigt war. In so einer Situation kann auch mal ein winziger Marktneuling unbemerkt an der Außenlinie entlangflitzen, bis der Ball plötzlich im Tor liegt. Damals konnten wir nicht wissen, was genau bei Coca-Cola gerade los war – aber wir ahnten, dass wir aus ihrer Sicht so klein waren, dass wir unter ihrem Radar blieben. Wir schauten weiterhin vorrangig auf uns und unsere Ziele – und hatten das Glück, dass unser optimistisches Bauchgefühl sich auszahlte und uns glückliche Umstände beim Start geholfen haben.

ohne moos viel los

Um ein Unternehmen zu gründen, braucht man Kapital. Also Räume, Produktionsanlagen und Personal – beziehungsweise Geld, um all das zu bezahlen. Wir aber hatten so gut wie nichts. Aus den vermögenswirksamen Leistungen während unserer Ausbildungen gab es Bausparverträge, die wir auflösten. Zusammen mit allem anderen, das wir zusammengekratzt hatten, bestand das Startkapital in stolzen 7000 Euro und einem kleinen „Fuhrpark“: Lorenz hatte sich per Ratenkauf einen gebrauchten Golf angeschafft, einfach ein gutes Auto. Und ich fuhr einen alten VW-Bulli. Mehr war nicht.

Viele Gründer nehmen in einer solchen Lage Fremdkapital auf. In unserem Fall wären dafür wohl nur unsere Eltern oder andere Verwandte infrage gekommen. Crowdfunding gab es noch nicht, und wer sonst hätte in uns investieren wollen? Da wir niemanden einweihen wollten, bevor wir etwas vorweisen konnten, war es keine Option, die Verwandtschaft um ein Darlehen zu bitten. Und dafür, dass sie uns überhaupt etwas gegeben hätten, lege ich meine Hand nicht ins Feuer. Ich hätte ihnen ein Nein jedenfalls nicht übel genommen angesichts der naiven Unbekümmertheit, mit der wir loslegten.

Und dass eine Bank zwei Studenten ohne nennenswertes Eigenkapital und der wahnwitzigen Idee, gegen den Weltmarktführer Coca-Cola anzustinken, einen Kredit geben würde, war erst recht unwahrscheinlich, störte uns aber nicht. Wir wollten uns nämlich nicht verschulden – egal bei wem. Denn das hätte Abhängigkeit bedeutet. Und genau der wollten wir ja dauerhaft entkommen. Unabhängigkeit war eines unserer erklärten Ziele. Deshalb hatten wir uns vorgenommen, zumindest in der Anfangsphase nur Geld auszugeben, das wir tatsächlich in der Tasche hatten. Wir wollten nichts auf Pump finanzieren und versuchten es mit dem Motto „Kreativität statt Kapital“. Im Nachhinein denke ich: Wenig Kapital zu haben, war auch ein Vorteil. Dadurch waren wir gezwungen, uns zu fokussieren und nicht zu viel gleichzeitig anzufangen. In späteren Jahren, als wir schon erfolgreich und finanziell flüssiger waren, begingen wir manchen Fehler einfach nur deshalb, weil wir es konnten – das Unternehmen war gefestigt und konnte mögliche Schäden aushalten. Gerade Unternehmertypen mit ausgeprägtem Ego kann zu viel Geld zu unüberlegten oder überdimensionierten Entscheidungen verführen.

Die extrem dünne Kapitaldecke hatte übrigens unter anderem zur Folge, dass wir die ersten Jahre als Gesellschaft bürgerlichen Rechts (GbR) firmierten. Das ist normalerweise nicht die Gesellschaftsform, mit der man eine Getränkefirma betreibt. Weil man privat voll haftet und ewig Schulden abbezahlen muss, wenn man die Firma im großen Stil gegen die Wand fährt. Sinnvoller wäre eine GmbH gewesen, bei der man nur mit dem Gesellschaftsvermögen und nicht privat haftet. Aber dafür hätten wir mindestens 12 500 Euro Stammkapital hinblättern müssen und weitere 12 500 in der Hinterhand haben. Und die hatten wir halt nicht. Erst fünf Jahre später, am 1. März 2008, haben wir das korrigiert und als „fritz-kola GmbH“ weitergemacht.

Bis wir beide von fritz leben konnten, hat es etwa drei Jahre gedauert. So lange mussten wir nebenher jobben. Lorenz war bei einer Fernsehproduktionsfirma beschäftigt, ich habe unter anderem als Aushilfe in der Buchhaltung einer Optikerkette gearbeitet. Was wir verdient haben, ging voll für

unseren Lebensunterhalt drauf; die Firma konnten wir damit nicht bezuschussen. Parallel haben wir auf kleiner Flamme weiterstudiert. Für Hobbys, Sport und so weiter war von nun an für viele Jahre keine Zeit.

Anfangs hatten wir keine Geschäftsräume, sondern haben die Firma von unterwegs gemanagt, also in Cafés und Bars oder vom Küchentisch in meinem Studentenwohnheim. Auch mit richtigen Lagerräumen dauerte es so seine Zeit – die Kisten wurden ganz nach Businessplan weiterhin im Waschkeller meiner Großeltern in Norderstedt und im Keller von Lorenz' Eltern deponiert. Und dort schleppten wir sie selbst rein und raus. Denn natürlich hatten wir auch noch kein Personal.

Nach der Produktion der ersten richtigen Tranche von 240 Kisten à 24 Flaschen war unser Startkapital praktisch aufgebraucht. Aber wenn jetzt nichts schiefging, fielen ja auch kaum noch Kosten an – nur für Sprit. Wenn jedoch in dieser Phase eins der Autos kaputtgegangen wäre, wäre es eng geworden für uns. Da aber mit der ersten Tranche so weit alles gut aufgegleist war, konnten wir von nun an die anfallenden Ausgaben aus den Einnahmen bestreiten. Denn pro verkauftem Kasten fritz-kola blieben als Rohmarge etwa der Wert von ein oder zwei Tassen Kaffee in einem Café übrig. Dennoch war unser Budget noch lange ganz schön auf Kante genäht. Und das trotz unseres Prinzips, sofort und in bar zu kassieren, aber Rechnungen erst am letzten Tag der Zahlungsfrist zu begleichen, um unsere geringe Liquidität möglichst gut zu erhalten. Auch später, wenn Getränkehändler die Ware direkt bei uns im Lager abholten, haben wir ihnen direkt die Rechnung ausgestellt und hatten das Geld manchmal schon per Lastschrift eingezogen, bevor sie die Kisten bei sich im Betrieb abgeladen hatten. Nur so hatten wir für den laufenden Betrieb genug Geld in der Kasse, ohne einen Dispokredit in Anspruch nehmen zu müssen. Und das wollten wir auf keinen Fall – wegen der damit verbundenen Kosten und der Abhängigkeit.

Liquiditätsprobleme sind eine häufige „Todesursache“ für junge, kapitalschwache Unternehmen. Bei manchen Gründern habe ich den Eindruck, dass sie zu wenig auf einen gesteuerten und gesunden Geldfluss achten. Da werden Rechnungen viel später erstellt als die Leistung erbracht. Und wenn die Rechnung nach der Zahlungsfrist noch nicht beglichen wurde, fasst man viel zu spät nach. Auf der anderen Seite verzichtet man darauf, möglichst lange Zahlungsziele auszuhandeln, damit man selbst so spät wie möglich bezahlen muss. Wer so handelt, vernachlässigt die manchmal überlebenswichtige Binnenfinanzierung, die einem die teure und für Abhängigkeit sorgende Fremdfinanzierung ersparen kann. Gerade Gründer sollten das von Anfang an konsequent beachten – auch in Niedrigzinszeiten. Ich habe gute

Erfahrungen damit gemacht, täglich auf die Geldein- und -ausgänge zu achten und diese strikt nachzuverfolgen. So sind wir Liquiditätsproblemen gut aus dem Weg gegangen. Wenn doch mal zu wenig Geld auf unserem Konto war, um große Rechnungen pünktlich zu bezahlen – das kam nur zweimal vor –, haben wir den Gläubiger angerufen und gesagt, dass wir etwas später bezahlen möchten. Denn bei Problemen den Kopf in den Sand zu stecken, ist nie eine gute Option. Wenn man selbst nicht handelt, wird es fast immer schlimmer und niemals besser. Tatsächlich war es dann auch kein Ding, die Zahlung zu verschieben. Die allermeisten Lieferanten sind ja verständnisvoll und meistens sehr dankbar, wenn man sich rechtzeitig und von sich aus meldet.

Ein wichtiger Aspekt für Gründer ist auch, von Anfang an eine gute Marge sicherzustellen. Wenn bei meinem Geschäftsmodell stets nur Centbeträge hängen bleiben, kann eine einzige ungeplante Ausgabe, etwa für ein defektes Gerät, oder ein Zahlungsausfall bereits ein so tiefes Loch in die Kasse reißen, dass es sich kaum noch stopfen lässt. Das gilt erst recht, wenn man Fremdkapital einsetzt. Hier muss man als Unternehmer immer brutal ehrlich zu sich selbst sein, ob die Geschäftsidee wirklich funktioniert und das Unternehmen dauerhaft tragen und die Beteiligten ernähren kann. Bevor wir zu den Anfangsjahren von fritz-kola kommen, spulen wir erst noch mal ein Stück zurück: Was war das eigentlich für ein Typ, der sich da mit seinem besten Freund zusammengetan hatte, um ein bisschen Unruhe auf dem Markt für Softgetränke zu stiften?

woher ich kam

Mein Vater hatte immer Spaß an Herausforderungen. Einer seiner häufigen Sätze lautet bis heute: „Komm, wir machen was!“ Für „machen“ könnte man auch „unternehmen“ einsetzen.

mirco wolf wiegert

Was ist das für ein Mensch, der unbedingt Unternehmer werden will? Es gibt so viele Geschichten, wie es Menschen gibt, warum Einzelne immer wieder das Verlangen haben, selbstständig zu arbeiten. Hier kommt meine:

Als ich 1975 geboren wurde, war mein Vater als Markthändler bereits selbstständig. Aufgewachsen bin ich allerdings bei meiner alleinerziehenden Mutter. Sie arbeitete als Sekretärin, und wir lebten in recht einfachen Verhältnissen. Ich hatte damit aber kein großes Problem. In meinem Umfeld war der „used look", also das Tragen gebrauchter Kleidung, eher angesagt. Und „fast fashion" war in den 1980ern sowieso noch nicht erfunden. Die Spaltung der Gesellschaft in Arm und Reich war noch nicht so stark ausgeprägt wie heute; der neoliberale Umbau zu einer Welt, in der alles am Geldwert gemessen wird und Kinder wegen der falschen oder fehlenden Logos auf ihren Klamotten von den reicheren Klassenkameraden ausgegrenzt werden, hatte gerade erst begonnen. Meine Mutter konnte sich auch leisten, regelmäßig mit mir in Urlaub zu fahren – das bekommen Alleinerziehende heute ja kaum jemals hin. Weil der Wohlstand immer ungerechter verteilt ist.

Dass Geld in meinem Leben keine große Rolle spielte, hatte aber auch mit den Pfadfindern zu tun. Nachdem mein Freund Lars (heute ein erfolgreicher Gastronom in Hamburg) mich mal dorthin mitgenommen hatte, wurden sie zu meinem zweiten Zuhause. Später habe ich dort auch Lorenz kennengelernt – ich war elf, er war neun. Und wir wurden schnell beste Freunde. Auch die meisten meiner anderen Freunde fand ich hier. Die Pfadfinder waren eine geldlose Gesellschaft – es kam dort auf ganz andere Dinge an als auf materiellen Besitz. Zum Beispiel auf Zusammenhalt, Durchhaltevermögen und die Bereitschaft, für andere Verantwortung zu übernehmen. Status war eine Frage des Charakters und der Haltung und konnte nicht mittels Markenturnschuhen oder anderen Wohlstandsbeweisen erworben werden. Prägend war diese Zeit bestimmt auch, weil wir als Gruppe über Wochen zusammen unterwegs waren und am Lagerfeuer so manche Nacht durchwacht haben.

In den Beginn meiner Pfadfinderzeit fiel auch die Nuklearkatastrophe von Tschernobyl am 26. April 1986. Damals wurden unter anderem Schulhöfe gesperrt und Reisepläne geändert oder verworfen. Wir Kinder registrierten, dass die Erwachsenen extrem erschrocken und verunsichert waren und dass sich die Welt mit einem Mal geändert hatte. Es gab damals für lange Zeit keine frische Milch und weniger frisches Obst und Gemüse zu kaufen. Schulhöfe und Spielplätze wurden über Wochen gesperrt. Die Hamsterkäufe galten damals dem Milchpulver und der Dosenmilch. An manche dieser Einschränkungen musste ich denken, als ab März 2020

die Corona-Krise für Monate das öffentliche Leben in Europa beherrschte.

Der Super-GAU machte mir auch klar, dass eine intakte Umwelt nicht selbstverständlich ist und man sich dafür einsetzen muss. Die Liebe zur Natur war auch ein Ergebnis meiner Pfadfinderzeit. Aufgewachsen im urbanen Hamburg, erfuhr ich auf Fahrten durch Deutschland und Europa die Ruhe und Schönheit unberührter Landschaften. Wir wanderten, fuhren Kanu oder Floß und reisten mit Nachtzügen durch den Kontinent.

Aber ich erfuhr auch, wie hässlich Verschmutzung und Umweltzerstörung sein können. Das geht vom dreckigen Fluss, in dem man nicht baden darf (wie damals die Elbe bei Hamburg), bis zur achtlos weggeworfenen Getränkedose im Wald. Bis heute reagiere ich allergisch auf Zivilisationsmüll in der freien Natur. Dass Mehrweg mir und fritz-kola ein echtes Herzensanliegen ist, hat seine Wurzeln in dieser Zeit.

Das Unternehmerische hat mir mein Vater mitgegeben. Er verkaufte auf Wochenmärkten Geschenkartikel und Plüschtiere, später dann in eigenen Geschäften moderne Oberbekleidung, Schuhe und Geschenkartikel. Er hat mir früh die Begeisterung für Selbstständigkeit und Unternehmertum vermittelt – und für das Arbeiten. Das Leuchten in seinen Augen, wenn er von einem erfolgreichen Projekt berichtete, sehe ich noch heute vor mir. Und ich erinnere mich noch gut an den Aha-Moment, als er mir erklärte, wie wichtig die Differenz von Ein- und Verkaufspreis ist – und dass ich das unmittelbar verstand. Da war ich sechs Jahre alt.

Meine erste bewusste Erinnerung spielt noch früher. Ich bin drei oder vier Jahre alt und komme an einem sehr frühen Morgen zu meinem Vater in die Küche. Es ist noch dunkel draußen. Mein Vater frühstückt und bereitet sich darauf vor, gleich auf den Markt zu fahren. Seine Begeisterung und sein Enthusiasmus für seine Arbeit zu dieser sehr, sehr frühen Stunde hat mich beeindruckt und irgendwie geprägt. Wie er „da rausging, um sein Ding zu machen“. Und wenn ich bei ihm war und er arbeiten musste, nahm er mich eben mit. Einmal fuhren wir zusammen zu so einem Markt außerhalb Hamburgs und haben abends in seinem Verkaufsstand übernachtet. Das fand ich ungeheuer aufregend – ein Abenteuer.

Dass Kinder ihren Eltern ein bisschen beim Broterwerb über die Schulter schauten und hospitierten, war damals völlig normal. Und ich finde es bis heute gut, wenn Kinder auch mal mit anpacken und im wahrsten Sinne des Wortes begreifen, womit ihre Eltern eigentlich die Familie ernähren. Später habe ich beim Renovieren seiner Läden geholfen, Regale auf-

gebaut und so weiter. Das war selbstverständlich. Die Erfahrungen mit dem Business meines Vaters haben mich in der Entschlossenheit bestätigt, mein eigener Herr und unabhängig sein zu wollen – und haben hoffentlich auch mein Verantwortungsgefühl als Unternehmer gegenüber meinen Angestellten beeinflusst. Trotzdem habe ich Fehler gemacht, die mir bis heute peinlich sind und für die ich mich bei den Betroffenen entschuldigt habe. So war ich früher manchmal aufbrausend. Ich habe rumgeschrien und Türen geschmissen, wenn etwas nicht so lief, wie ich wollte. Auch die Aktion von Lorenz und mir, ein Handbuch über interne Abläufe zu entwickeln, per Beamer an die Wand zu werfen und es Mitarbeiter laut vorlesen zu lassen, war ziemlich daneben. Wir waren Garagengründer und in Sachen Führung völlig unerfahren und unvorbereitet – wir wussten es damals nicht besser.

Als wir 2003, nach der Party im Studentenwohnheim, unseren Familien offenbarten, dass wir ein Unternehmen auf den Weg gebracht hatten, war mein Vater zunächst skeptisch. Sein Gesicht drückte seine unausgesprochene Frage aus: „Kannst du das denn überhaupt?“ Das hat mich aber nicht verunsichert, im Gegenteil. Die Fragezeichen in den Augen meines Vaters waren für mich eher ein zusätzlicher Ansporn. Ich glaube ohnehin, dass so mancher erfolgreiche Unternehmer auch angetrieben wird vom Ehrgeiz, es den Skeptikern zu zeigen, die ihm das nicht zugetraut haben – Väter, Mütter, Lehrer, frühere Chefs … Die Skeptiker behaupten ja später gerne: Hätte ich ihn nicht so gepiesackt, wäre das nichts geworden. Da überschätzen sie ihre Rolle aber maßlos – und verklären ihr Misstrauen und ihre mangelnde Unterstützung nachträglich zum Motivationskunststück. Wenn der einzige Antrieb eines Gründers darin besteht, es jemandem zu zeigen, wird vermutlich nichts daraus werden. Man geht dann wahrscheinlich zu große Risiken ein, vergeudet Energie und trifft falsche Entscheidungen – gerade weil jemand einen warnt. Aber damit es keine Missverständnisse gibt: Mein Vater hat mich von Anfang an praktisch unterstützt, wenn es nötig war – und heute freut er sich mit mir über das Erreichte. Bei dieser Gelegenheit: Danke, Papa, für den großen Bulli-Anhänger, den du mir geliehen hast – und sorry, dass ich ihn bei Eis und Schnee im Graben versenkt habe.

Hätte ich auf meine Oma väterlicherseits gehört, wäre ich vielleicht kein Unternehmer geworden. Sie kritisierte das Gewerbe meines Vaters zwar nicht direkt, aber sie stellte gerne allgemeine Betrachtungen zum Wesen des Kaufmanns an. Jemandem etwas zu verkaufen, war für sie gleichbedeutend damit, dass man es ihm aufschwatzte. Sie betrachtete das nicht als ehrliche Arbeit. Hier spiegelte sich ihre Herkunft von einem großen Bauernhof. Mein Urgroßvater hatte einst

den Familienhof in der Nähe von Salzgitter und später einen großen Hof in der Altmark übernommen und zu einem großen Hofbetrieb ausgebaut. Seine Abnehmer waren Genossenschaften, sodass er seine Ware nicht aktiv vermarkten musste. Mit dem Kriegsende war der Hof verloren, und meine Urgroßeltern kamen nach Westdeutschland, wo sie bei ihren Kindern Unterschlupf fanden.

Was ich aus den Verhältnissen zu Hause mitgenommen habe, ist ganz sicher der vorsichtige Umgang mit Geld. Das zeigte sich schon beim Taschengeld, als Grundschüler bekam ich fünfzig Pfennig die Woche. Das begehrte *Yps*-Heft kostete eine Mark fünfzig. Das haute also schon mal nicht hin – auch wenn mein Vater und die Großeltern ab und zu eine Extramark rüberschoben. Ich habe damals gelernt, das Geld immer zusammenzuhalten – und meine Sehnsucht nicht auf Dinge zu richten, die man kaufen kann. Wegen der vielen Zeit, die ich bei den Pfadfindern verbrachte, war das nicht so schwierig.

Das Verhandeln habe ich im Umgang mit meiner Mutter gelernt – wie wohl viele Kinder von damals beim Thema Fernsehen. Das war auch bei uns streng reglementiert. Ich durfte von 18 Uhr bis 18:30 die „Sesamstraße" gucken – und das war's. Manchmal, als Ausnahme, noch eine Samstagabendshow. Aber schon für die „Muppet Show", die mittwochs lief, musste ich hart feilschen. Aus ähnlichen pädagogischen Gründen war auch Cola tabu für mich als Kind. Sie war erstens zu teuer und galt zweitens als ungesund. Vielleicht also schlug die eigentliche Geburtsstunde der fritz-kola-Geschichte in den colafreien Küchen unserer Eltern …

Wenn ich heute vor Unternehmern spreche und von meiner Schulzeit erzählen soll, gibt es immer einen sicheren Lacher. Denn als Kaufmann kann ich heute zwar mit Zahlen umgehen und rechnen, aber in der Schule war ich ausgerechnet in Mathe ein echter Totalausfall. Das musste ich im Studium und danach echt aufholen, den Umgang mit Excel-Listen lernen und so weiter.

Meine Stärken lagen eher in Politik und Geschichte. Damit habe ich immer alles ausgeglichen. Am stärksten geprägt hat mich unser Politik- und Geschichtslehrer. Seine eigene politische Haltung war nicht erkennbar, was mir schon damals Respekt abnötigte. Er verzichtete auf eine perfekte Gelegenheit, uns Schüler in seinem Sinne zu beeinflussen, weil es ihm wichtiger war, dass wir lernten, uns selbst ein Urteil zu bilden. Das fand ich gut. Und wenn jemand so tat, als gäbe es zu seiner Meinung keine Alternative, hat mich das immer zum Widerspruch gereizt. Ich mochte es noch nie, wenn Meinungen nicht mehr begründet werden müssen und man nicht will, dass sie hinterfragt werden. Vor allem, wenn das von Institutionen kam. Die Ausrichtung meiner Fachhochschule, beispielsweise bei Themen wie Volkswirtschaftslehre

und Investitionskunde, war damals zeitgeistbedingt eher neoliberal. Sie ignorierte die Auswirkungen einer grenzenlos wachsenden Wirtschaft auf die Umwelt und propagierte den Rückzug des Staates aus praktisch allen Bereichen. Diese marktideologische Position, die uns als objektive Wissenschaft verkauft wurde, stellte ich gerne infrage – notfalls auch ohne detaillierte Fachkenntnisse. Eine Professorin nannte mich mal den „König der Gegenmeinung“. Dass ich mich mit meinem Widerspruch in eine Minderheitsposition begab und manchmal auch unter Druck geriet, konnte ich gut aushalten.

Meinen Zivildienst habe ich in der ambulanten Altenpflege geleistet. Nebenher habe ich mit meiner Pfadfindergruppe ein ungenutztes Dachgeschoss in einem lokalen Bürgerhaus mit der Hilfe von Eltern und Mitgliedern zu einem Pfadfinderheim umgebaut. Ich bin heute noch froh, dass ich meine Zeit nicht wie manche Kumpels bei der Bundeswehr verbracht habe, was damals vor allem hieß: Saufen und seine Zeit absitzen.

Nach dem Zivildienst habe ich erst mal eine Ausbildung zum Speditionskaufmann gemacht. Meine Eltern meinten „mach erst mal was Kaufmännisches, da hast du was in der Hand“, und so fing ich bei der Spedition „Gebrüder Hellmann“ in Hamburg-Wilhelmsburg als Azubi an. Ich bin tatsächlich sehr dankbar für diese zweieinhalb Jahre einer um-

koksen ist achtziger.

fassenden und guten Ausbildung. Trotzdem triggerte mich die Begeisterung meines selbstständigen Vaters für das Unternehmersein so sehr, dass ich auch „mein eigenes Ding“ starten wollte. Wie konnte ich mich also noch besser auf dieses Ziel vorbereiten? Ich meldete mich für den Studiengang „Außenwirtschaft und internationales Management“ auf der Hochschule für Angewandte Wissenschaften in Hamburg an. Bis mein Studium begann, überbrückte ich die Zeit mit verschiedenen Jobs, zum Beispiel als Fahrzeugkontrolleur bei einem Paketzusteller. Meine unangenehme Rolle bestand darin, die „selbstständigen Unternehmer“ auf Mängel im Erscheinungsbild ihrer Autos hinzuweisen, was diese völlig zu Recht als Schikane empfanden. Als Student hatte ich dann ebenfalls verschiedene Jobs. Die suchte ich mir weniger nach der besten Bezahlung aus als danach, was mich interes-

sierte und was ich mal kennenlernen wollte. Unter anderem war ich Verkäufer in einer Bäckerei, habe für eine private Hausverwaltung gearbeitet und bei Stadtrundfahrten den Fremdenführer gemacht. Besonders spannend war der Job im Backpacker-Hostel „Instant Sleep" in der Schanze. Das war damals etwas ganz Neues und das erste in der Stadt – eine Art Jugendherberge für Erwachsene, aber weniger spießig und schöner eingerichtet. Ich kannte Hostels mit ihren niedrigen Preisen und guten Kontaktmöglichkeiten bereits von meinen Reisen und wollte unbedingt mal in einem arbeiten. Ich stellte mich also im „Instant Sleep" vor und bekam einen Job als Reinigungskraft. Nach einigen Wochen Zimmer und Klos putzen wurde dann eine Stelle als Nachtportier frei und ich bekam dann endlich den spannenden Job vorne am Tresen.

Ich werde manchmal gefragt, ob das Studium an der Fachhochschule mich gut vorbereitet hat für die spätere unternehmerische Praxis. Einerseits ja, weil wir viele Dozenten aus der Wirtschaft hatten, also erfahrene Praktiker. Da habe ich einiges mitgenommen. Ein krasses Defizit hingegen war, dass damals das gesamte Thema Mitarbeiterführung und -verantwortung keine Rolle spielte. Dabei sind der Umgang mit den Menschen im Unternehmen und das Führungsverhalten die wichtigsten Themen überhaupt für einen Unternehmer, wie ich heute weiß. Nur Menschen machen Unternehmen – alles andere ist nachrangig. Allerdings war beim Start von fritz-kola an Mitarbeiter überhaupt nicht zu denken. Wir legten jetzt tatsächlich los – aber wir machten erst mal (fast) alles allein.

03 aufbruch

aller anfang ist ... geil

Wir waren überwiegend junge Leute, und wir waren hochidentifiziert mit unserem Job und der Firma und glücklich, dabei zu sein. Die Gefahr war, dass man sich völlig im Arbeiten verlor und nur noch für fritz lebte.

patrick keller, vertrieb und marketing 2008 – 2012

Bei der Unternehmensgründung haben Lorenz und ich entschieden, Privates und Geschäftliches konsequent zu trennen. Unsere Freundinnen wussten zwar, dass wir zusammen etwas ausheckten, aber wir haben sie nicht einbezogen. Dasselbe galt für unseren Freundeskreis und unsere Familien. Wir wollten unser Business nur zu zweit durchziehen und haben nicht nach rechts und links geschaut. Das hatte den Vorteil, dass uns niemand reinredete und die Idee miesmachte (oder aufspringen und profitieren wollte), aber es hatte auch Nachteile: Wir waren in unserer Blase. Wir waren kein Teil der Szene, für die wir die Kola machten, und wir vernetzten uns auch nicht mit anderen Gründern. Was die Handelskammern oder Unternehmerverbände an Schulungen, Support oder Austauschmöglichkeiten anboten, war nicht viel und sowieso viel zu traditionell für uns. Wir haben damals ein- oder zweimal so ein Treffen besucht und uns zu Tode gelangweilt, weil da nur alte Herren saßen, die sich damit brüsteten, wie sie in grauer Vorzeit das Wirtschaftswunder zustande gebracht hatten. Die heutigen Möglichkeiten für junge Gründer wie Co-Working-Spaces, Netzwerktreffen, Mentoren-Programme oder gar so etwas wie Business Angels gab es damals noch nicht – schon, weil es viel weniger junge Gründer gab. Zum Glück haben sich inzwischen das gesellschaftliche Klima und die Einstellung der Menschen verändert: Unternehmer zu sein ist cooler als früher, es wird positiver gesehen, und viele gehen mit ihren Ideen und Visionen ganz offen und transparent um. Hätten Lorenz und ich von Anfang an in einem Co-Working-Space statt im Studentenwohnheim gesessen, wäre uns sicher früh klar geworden, dass Austausch etwas Gutes ist und man nur etwas erfährt, wenn man auch etwas preisgibt. Ich empfehle allen Gründern, jede Chance auf Vernetzung und Austausch zu nutzen. Und wenn es vor Ort oder in der Branche noch keine Struktur gibt, dann ergreift die Initiative und startet selbst ein Netzwerk!

Als uns bald nach der Gründung 2003 ein Autor der *taz* besuchte und in einem Artikel porträtierte, wurden wir darin als „Stinos“ bezeichnet. Wie recht er damit hatte, zeigte sich daran, dass wir keine Ahnung hatten, was der Begriff bedeutete. Wir waren stinknormal und das Gegenteil von hip und cool. Äußerlichkeiten waren eher unwichtig für uns. Ich lief beispielsweise praktisch nur im Parka rum. Pfadfinder eben.

Freunde und Familien haben wir erst eingeweiht, als wir die Mitbewohner im Studentenwohnheim zur Kola-Party einluden. Uns war schon bewusst, dass wir nur ungläubiges Kopfschütteln ernten würden. Meine Familie hat, als ich auspackte über unser längst gestartetes Business, einen Augenblick gebraucht, um überhaupt zu verstehen, was ich da mache. Und dann haben alle prophezeit, dass das nur schiefgehen könne: „Ihr macht euch unglücklich. Das klappt nie.

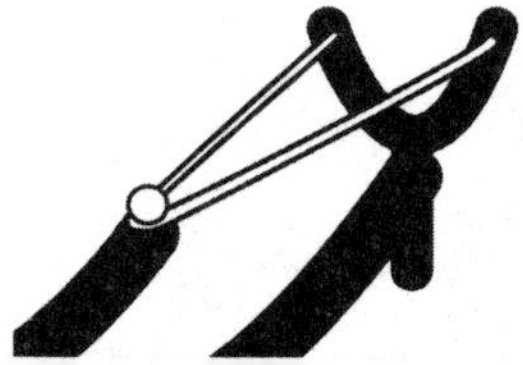

Coca-Cola ist viel zu groß." Genau deshalb hatten Lorenz und ich ja alles so lange wie möglich geheim gehalten – wir wussten, was kommen würde. Aber als wir die Keller und Garagen unserer Eltern und Großeltern als Lagerraum brauchten, mussten wir mit der Wahrheit rausrücken. Nach dem ersten Schreck haben unsere Familien uns dann auch großartig unterstützt. Ich weiß noch, wie meine Oma uns eine Sackkarre und später einen Hubwagen gekauft hat, weil sie es nicht mehr mit ansehen konnte, wie wir die Kästen immer vom Auto zur Haustür schleppten, bevor wir sie in den Keller verfrachteten.

Und was sagten die ersten Gastronomen, die wir ansprachen? Was sagten wir überhaupt? Heute würde es wohl Pitch heißen und wir hätten lange an unserem Sprüchlein gefeilt. Damals sind wir einfach zu zweit losgezogen und haben die Leute hinterm Tresen angesprochen und um ein leeres Glas mit Eiswürfeln gebeten, damit wir ihnen ein optimal gekühltes Testglas servieren konnten. Dabei haben wir uns vorgestellt und erklärt, was wir machen: eine eigene Kola aus Hamburg mit mehr Koffein, nur in kleinen Glasflaschen, kein Plastik. Das hat einige Leute schlicht fasziniert. Die fanden das krass: eine neue Kola, garniert mit zwei Verrückten. Und dann noch per Privatanlieferung! Sie sagten sich: Das Risiko ist gering, das probieren wir mal aus. Bei einigen wenigen hatten wir allerdings beinahe den Verdacht, dass sie den ersten Kasten nur aus Mitleid gekauft haben. Die Zweifel waren ja nachvollziehbar: Da kommen zwei junge Typen mit einem Kasten an und wollen Kola in Bierflaschen verkaufen. Das mag etwas naiv gewirkt haben. Vor allem wegen dieses dominanten Marktteilnehmers, der ebenfalls Cola verkauft. In der Anfangszeit wollten wir das Risiko für Cafés und Barbetreiber niedrig halten und boten jedem an, dass wir die Ware vorbehaltlos zurückkaufen, wenn sie keine Lust mehr auf fritz-kola hätten. Das mussten wir aber nur zweimal machen. Mit der Quote konnten wir sehr gut leben, zumal es anderswo sehr gut lief.

So entschied sich unser allererster Kunde, Gerrit Lerch, uns als Kola-Zweitmarke in seinen mit Marc Pagel gegründeten und schnell erfolgreichen Lokalen „Bedford“ und „bp1“ am Schulterblatt auszuprobieren und bald ganz auf uns als einzige Kola-Marke zu setzen. Von den Gästen beschwerte sich niemand – aber seine Mitarbeiter rebellierten förmlich gegen diesen Schritt. Sie fanden, Mixgetränke könne man nur mit Coca-Cola herstellen. Das war ein Vorurteil, das sich in der Szene noch einige Zeit lang hielt. Die Sorgen von Gerrits Leuten konnte ich aber zerstreuen, indem ich bei einer Personalversammlung vorbeikam und den etwa 15 Leuten etwas von fritz-kola erzählte. Außerdem machte ich eine Verkostung und mixte für die Leute Kola-Rum und Kola-Whisky mit fritz. Nach einer Testphase war das Eis gebrochen. Diese

Erfahrung begleitet uns übrigens bis heute – wenn es anfangs Skepsis gibt, können wir diese bisher immer zerstreuen.

die „gloriabar"

Ein echter Pionier der Zusammenarbeit mit uns war auch die „Gloriabar" im Hamburger Stadtteil Eimsbüttel. Falco Warmbold hat sie 1997 eröffnet und führt sie bis heute. Als er anfing, war dieser Teil des heutigen Szenebezirks noch reichlich heruntergekommen – und dasselbe galt für die Eckkneipe, die er übernahm. Mit wenig Kapital, viel Arbeit und noch mehr Geschmack hat er sie renoviert und seither zu einer großartigen Location ausgebaut. Die Einrichtung ist zeitlos stylish, mit vielen selbst gemachten, eigens entworfenen Details wie etwa der Wandverkleidung, die aus lauter unterschiedlichen alten Möbeln entstand.

Von unserer ersten Begegnung im Jahr 2003 soll Falco selbst erzählen:

Vor meiner Bar hielt ein alter VW-Bulli, und ein schmaler, eher unauffälliger junger Mann betrat mit einer Flasche in der Hand die Bar. Er verkaufe eine neue Kola und fragte, ob ich sie mal ausprobieren wolle. Wir waren uns schnell sympathisch – und wussten beide, was wir wollten. Mirco war ganz neu im Ge-

schäft, hatte aber klare Vorstellungen, was die Marktchancen seines Produkts und die Konditionen anging. Mir leuchtete die Idee, den Monopolisten mit einer eigenen, in Hamburg erdachten Kola herauszufordern, sofort ein. Zum einen wegen des schmalen Angebots an nicht alkoholischen Getränken damals – und zum anderen wegen der politischen Lage. Meine Kundschaft und ich tickten da eindeutig: wegen des gerade tobenden Irakkriegs skeptisch gegenüber dem amerikanischen Lifestyle und offen für Neues. Ich bin übrigens bis heute davon überzeugt, dass die antiamerikanische Stimmung dieser Jahre ein wichtiger Faktor für den schnellen Durchbruch von fritz-kola war.

Ich hatte im ersten Gespräch mit Mirco die spontane Eingebung, ein eigenes Gloria-Etikett zur Bedingung dafür zu machen, dass ich die fritz-kola ausprobierte – und Mirco sagte spontan zu. Heute wäre das undenkbar, aber man muss sich klarmachen, dass fritz-kola noch ein Winzling war, der nicht in Kinder-, sondern in Babyschuhen steckte. Entsprechend wichtig waren die ersten Kunden wie die „Gloriabar", dass die neue Kola am Markt durchgesetzt werden konnte.

Das war bei Bionade übrigens genauso – auch da war ich einer der ersten Kunden. Und als Barbesitzer sozusagen der Star. Ich mache Marken. Mirco und Lorenz waren ja erst mal nur zwei Studis, die was ausprobierten. Mehr Story gab es ja noch nicht. Und so lieferte fritz mir und meinem Team tatsächlich fast zwei Jahre lang die eigens auf uns zugeschnittene „Gloria-kola". Da-

nach war das dann logistisch nicht mehr zu machen, die Maschinen anzuhalten wegen meiner paar Gloria-Flaschen; das habe ich auch eingesehen. Die Idee mit der Exklusiv-Kola hatte für uns beide ihren Zweck erfüllt.

Zum Dank führte ich ihre Kola von Anfang an exklusiv. Und meine Gäste nahmen sie sofort begeistert an. Sie hatten das Gefühl, dass diese exklusive Kola in „ihrer" Bar auch irgendwie ihre war. Dasselbe galt für mein Team, das sofort begeistert mitzog. Das sympathische Image der neuen Kola war dabei wichtiger als der Geschmack, denke ich. Aber wenn die Kola meinen Gästen nicht geschmeckt hätte, hätte ich das Experiment sicher schnell wieder beendet.

Im ersten Jahr brachte Mirco die Kästen immer selbst vorbei, schleppte sie in den Keller und nahm das Leergut wieder mit. Danach übernahm dann ein Getränkegroßhändler die Lieferung, und dort bestellte ich auch. Trotzdem blieb der gute Kontakt zu Mirco bestehen – wir haben uns angefreundet, er hat meinen Kindern was vorgelesen, wir haben uns oft auf Partys oder privat getroffen und so weiter. Wenn wir auf Messen gefahren sind, haben wir uns in den Zeiten knapper Budgets sogar manchmal ein Hotelzimmer geteilt.

Ich habe Mirco immer als zielstrebigen Unternehmer wahrgenommen und geschätzt – und als jemanden erlebt, der immer mit spitzem Bleistift rechnet und lieber etwas knauserig wirkt denn als verschwenderischer Großkotz. Und Mirco fragt um Rat und er-

Zitrone
(Hauch)
Koffein
(25mg/100ml)
HAMBURG
fritz-kola®
KOFFEINHALTIGE LIMONADE
gloria
cafébar
fritz-kola.de
0,33 l
PFANDFLASCHE

trägt Kritik – auch wenn er am Ende seine eigene Entscheidung durchzieht. Er ist nicht eingeschnappt, wenn man Dinge anders sieht als er und ihm das auch sagt. Auf jeden Fall ist er ein leidenschaftlicher Unternehmer.

Ich denke, diese Freundschaft hat auch eine Rolle dabei gespielt, dass ich fritz-kola bis heute treu geblieben bin. Sonst hätte ich sicher auch mal die alternative Konkurrenz wie etwa Premium-Cola ausprobiert. Zumal das Image von fritz als der „Kleine“ im Markt natürlich nur noch bedingt stimmt. Hier muss fritz seine Story weiterentwickeln – als neuer Mainstream. Aber dass sie politisch eindeutige Kampagnen wie zum Beispiel zum G-20-Gipfel 2017 machen und eine klare gesellschaftspolitische Haltung transportieren, finde ich gut.

Die Geschichte mit der „Gloriabar“ ist bis auf die eigenen Etiketten und die entstandene Freundschaft typisch dafür, wie die Kundenakquise lief: Wir fuhren durch die Gegend und klapperten die coolen Läden alle einzeln ab. Wie sonst soll man als absoluter Anfänger in Kontakt mit denen kommen, die unser Getränk ausschenken sollten? Wir gingen Klinken putzen und verkauften buchstäblich aus dem Kofferraum. Also genau so, wie meine Oma sich die „fahrenden Händler“ immer vorgestellt hatte. Das war unkonventionell und mühsam – aber letztlich der richtige Weg.

immer nah am kunden

In kraftraubender Detailarbeit eroberten wir die Kühlschränke in Cafés, Bars, Restaurants und Clubs. Jeden einzelnen, Stück für Stück. Mit den Tresenleuten reden, die Besitzer treffen und fritz-kola vorstellen und probieren lassen. Und später sind wir genauso in den Supermärkten vorgegangen. Anfangs SPAR-Markt-Filialen, später dann Edeka-Märkte. Erst sprachen wir mit den Leuten in der Getränkeabteilung, dann belieferten wir sie persönlich. Jeden einzelnen Markt. Wir schafften es aber relativ bald, genügend Aufmerksamkeit zu erzeugen, dass selbstständige Kaufleute wie die Familie Niemerszein/Wiem mit ihren damaligen SPAR-Märkten unsere Kola haben wollten, lange bevor wir unseren großen Durchbruch hatten.

Häufig haben Getränkehersteller gar keine eigene Auslieferung oder Kontakt zum Verkaufstresen, das erledigt der Getränkefachhandel. Dieser sorgt für den Waren- und Geldfluss zwischen Produktion und Konsum. Dann gehen neue Getränkehersteller zu den Getränkehändlern und wollen erreichen, dass ihr Produkt dort gelistet, also ins Sortiment aufgenommen wird. Dabei geht es nicht allein um den Geschmack oder eine Marktlücke oder ein cooles Image, sondern häufig muss man mit einer Vergütung, Listungsentgelt, Lagergebühr und so weiter die Leistung des Getränkehändlers wie beispielsweise Kundenakquise und Lagerhaltung bezahlen. Wir wählten einen anderen Weg: Mit unserem Direktverkauf an Gastronomen und Supermärkte bewiesen wir den Getränkehändlern, dass unser Produkt sich erfolgreich verkaufen ließ und nicht im Lager einstauben würde. **Wir haben also erst mal die Nachfrage ihrer Kunden erzeugt.** Als dann die ersten Gastronomen ihre Getränkehändler nach fritz-kola fragten, kannten die uns oft noch gar nicht; wir waren dort noch nicht gelistet.

Anfang der Nuller-Jahre gab es noch viel mehr Getränkegroßhändler als heute. Und viele davon hatten sich auf ein besonderes Portfolio spezialisiert, um die Gastronomie zu beliefern. Ein Beispiel sind die in Berlin, Bremen und Hamburg ansässigen „KGB-Getränkehändler". Die waren ursprünglich aus der Hausbesetzer-Szene der 1980er entstanden und etablierten sich später als Getränkehändler für die Gastronomie. „KGB" steht für „Kollektiver-Getränke-Betrieb", manche behaupten auch „Kohle-Gips-Bier"-Getränkehandel. Aus diesem Dunstkreis kamen auch „Glashütte 85" von Michael Totzke aus dem Karo-Viertel in Hamburg und „Ebeloe Getränke", damals aus Eimsbüttel. Letzterer belieferte auch die „Gloriabar" um die Ecke. Diese Getränkehändler sahen in kleineren und unbekannten Marken wie unserer eine Chance, sich von der Konkurrenz abzuheben. Sie wurden unsere ersten Partner auf der Seite des Getränkehandels.

Etwa ein Jahr nach dem Start kamen dann die größeren Getränkehändler nach und nach auf uns zu. Viele freuten sich über eine Alternative zur großen Cola, luden uns zum Kaffee ein und listeten hochmotiviert unsere fritz-kola. Andere gingen recht rustikal ins Gespräch: „Wer seid ihr? Wir wollen euch listen. Was zahlt ihr dafür?“ Solche Händler ließen sich von Neulingen gerne jeden Schritt extra bezahlen. Nun waren wir komplette Grünschnäbel und sind nur minimal vorbereitet in diese Listungsgespräche gegangen. Wir hatten unsere DIN-A4-Preisliste, unsere Musterflaschen und unsere Begeisterung fürs Produkt – und das war's. So was kann schnell dazu führen, dass man über den Tisch gezogen wird. Tatsächlich war unsere entwaffnende Naivität aber eher ein Vorteil. Uns war klar, dass wir als „Mini-Kola“ keine gute Verhandlungsposition hatten. Und wir hatten auch nicht die geringste Lust auf Feilscherei um Prozente mit den erfahrenen Haudegen aus der Branche. Darum entschieden wir uns kurzerhand, niemandem irgendein Entgelt zu zahlen oder einen Rabatt zu geben. Wenn wir alle Getränkehändler gleich behandelten, sparten wir uns das würdelose Geschachere. Sie kauften dann – oder ließen es eben bleiben. Unsere Linie war also in etwa: „Eure Kunden wollen fritz-kola? Und ihr wollt sie damit beliefern? Wir verkaufen sie euch gerne und ihr holt die Ware bei uns ab. Aber wir bezahlen keine Extragebühren und geben keinen Rabatt. Fertig.“ Dieser

Gleichbehandlungsansatz, also keine individuellen Abgaben zu bezahlen, keine Mengenstaffeln in den Abgabepreisen zu akzeptieren, alle Getränkehändler gleich zu behandeln, hat sich für uns ausgezahlt. Zwar protestierten die Händler lautstark und sparten nicht mit Kritik, aber beim Schnacken nach dem dritten Bier gaben sie meist zu, dass das genau der richtige Ansatz war. Immerhin konnten wir auf einen Kundenstamm verweisen, der fritz-kola bereits kaufte oder ernsthaft daran interessiert war. Nach und nach konnten wir die Eigenbelieferung einstellen. Getränkehändler holten bald ganze Paletten oder Lkw-Ladungen bei uns im Lager ab, um Kola kistenweise an ihre Kunden in Gastronomie und Einzelhandel weiterzuverkaufen. Viele Jahre später hat uns der Inhaber eines Getränkehandels am Rande eines Branchentreffens dazu beglückwünscht, dass wir das so durchgezogen haben.

Ich kann nur allen Gründern empfehlen: **Sorgt selbst für die Nachfrage nach Eurem Produkt.** Wenn Ihr mit Eurer Leistung so gut seid, dass Eure Kunden Euch wirklich haben wollen, läuft es mit möglichen Zwischenhändlern einfacher. Das ist heute durch die kostengünstige und wirkungsvolle Kommunikation über Social Media sogar einfacher als damals. Wenn wir einen Gastronomen überzeugt hatten, ging das nicht viral, sondern wir mussten bei der nächsten Bar wieder von null anfangen. Unser Weg war anstrengend und wir brauchten dafür eine hohe Frustrationstoleranz: Auf zwanzig Gespräche kam anfangs vielleicht eine Zusage. Aber das gehört am Anfang dazu, und man darf sich davon nicht kirre machen lassen. Zum Glück waren wir völlig überzeugt von unserer Kola und haben uns nicht entmutigen lassen. Wir wollten unbedingt erfolgreich sein und waren überzeugt, dass es möglich sein musste, fritz-kola am Markt zu etablieren – weil sie gut war und der Markt reif dafür. Und wir mochten den Gedanken, gegen Widerstände anzugehen und sie zu brechen. Nicht so exaltiert und extrem wie beispielsweise Elon Musk, aber dass viele unser Vorhaben eher skeptisch sahen, war eher motivierend als hemmend.

Motivierend war auch, dass die Gastronomen, die es mit uns probierten, sehr schnell nachbestellten. Darauf konnten wir aufbauen, auch mental. **Wer nach vielen Anläufen noch keine positive Rückmeldung hat, sollte zwar nicht gleich aufgeben, aber sich ehrlich hinterfragen.** Schönrechnen und Schönreden hilft nichts. Woran liegt es? Stimmt das Produkt? Stimmt der Preis? Stimmt die Promotion? Suche ich die Kunden am richtigen Ort? Bin ich der oder die Richtige, um das Produkt anzupreisen? Kenne ich jemanden, der mir die Wahrheit sagt? Bin ich mit meinem Produkt überhaupt für irgendjemanden relevant?

Auch wir mussten erst richtig lernen, wie das geht: Zu viel Kohlensäure, zu wenig Kohlensäure, zu teuer, zu billig, Fla-

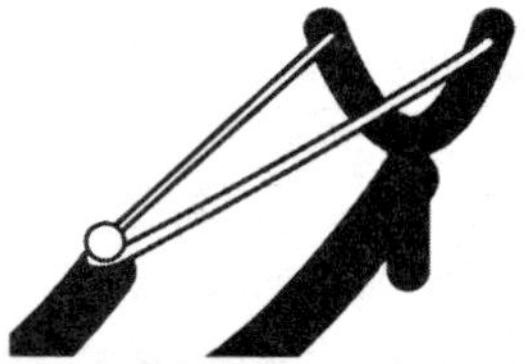

schen zu groß, Flaschen zu klein, mit den Gastronomen schnacken und die Kola anpreisen und verkaufen. Den ersten Besuch haben wir zu zweit gemacht. Wir haben uns einen Kasten Kola geschnappt und sind zur damals beliebtesten Bar im Schulterblatt gerannt. Zum schon erwähnten Gerrit mit seinem „Bedford Café“. Dem haben wir unsere Kola vorgestellt, und er hat gesagt: Mein Gott, was wollt ihr denn mit dem Getränk? Er fand das aber lustig und hat unseren Kasten Kola für so ungefähr 20 Euro gekauft.

Gerrit erinnert sich bis heute daran, wie wir die Gastronomen damals direkt in oder vor ihren Läden ansprachen, ohne Termin oder vorherige Ankündigung. Und dass wir ungefähr denselben Coolheitsfaktor gehabt hätten wie unsere Autos, also ... *nicht wirklich cool im Sinne des Schanzenschicks der frühen 2000er. Eher studentisch angehaucht. Angesiedelt zwischen BWLer / Psychologie und Erzieher. Auffällig nett und mit einer wahnsinnigen Inbrunst für ihre selbst produzierte Kola. Definitiv von ihrem Produkt überzeugt, mit Verkaufstalent und Überzeugungskraft ausgestattet und gewillt, mit ihrer selbst erkannten Marktlücke erfolgreich zu werden. Wir hatten von Beginn an einen sehr freundschaftlichen Draht. Das Schrägste an ihnen war eigentlich, dass sie die ganze Sache wirklich total ernst meinten ...*

Heute verbindet mich mit fritz-kola ein gewisses Nostalgiegefühl. Und Respekt für das, was die beiden Jungs aus dem Nichts erschaffen haben. Das war schon ein echter Aufstieg und eine tolle

Geschichte. Und irgendwie freue ich mich auch, dass wir einen Funken dazu beisteuern konnten.

Wir haben damals natürlich eine gewisse Skepsis bei Gerrit bemerkt. Eine kaufmännische Vorsicht eben, ganz normal. Also haben wir ihm die Möglichkeit zur Remission gegeben, zur Rückgabe der Ware. Und wir haben ihm unsere Mobilnummer auf einen Kellnerblock geschrieben, weil wir noch keine Visitenkarten hatten. Aber er rief bald wieder an: Unsere Kola hatte sich überraschenderweise gut verkauft, und er wollte Nachschub. Und zwar gleich fünf, sechs Kisten à 24 Flaschen. Das war so ein allererstes Signal, dass da was gehen könnte.

Nach dem Besuch bei Gerrit haben wir uns aufgeteilt: Lorenz hat die Nachtgastronomie gemacht und ich die Tagesgastronomie. Und dann sind wir überall dorthin gegangen, wo man sich so rumtreibt in Hamburg: Schulterblatt, Grindel- und Uniquartier, Hamburger Berg, Hans-Albers-Platz, Wohlwillstraße. Also die seinerzeit üblichen Ausgeh-Quartiere. Hatten wir einen neuen Kunden gefunden, war es für ihn ganz einfach, Nachschub zu bestellen: Man brauchte uns nur eine SMS oder eine Mail zu schicken. Dann kamen wir schnellstmöglich vorbei, auch nachts, und lieferten aus. Bezahlt wurde bar und direkt vor Ort. Das war schon ungewöhnlich, wie wir zu jeder Tages- und Nachtzeit mit unseren Kola-Kisten durch die Lokale gelaufen sind.

Ein anderer unserer allerersten Kunden war das Imbisslokal „Kleine Pause“ in der Nähe des Stadions des FC St. Pauli, betrieben von Sabine und Thorsten Clorius. Thorsten erinnert sich noch daran, dass unsere Flaschen anfangs keinen einheitlichen Füllstand hatten – die üblichen Kinderkrankheiten bei einem neu eingeführten Produkt. Seine Gäste nahmen die fritz-kola sofort gut an; das gilt bis heute. Und wir haben immer noch eine sehr angenehme Geschäftsbeziehung. Wenn Thorsten ein Anliegen hat, ruft er mich direkt an, auch wenn der Kontakt naturgemäß nicht mehr so eng ist wie am Anfang. Dafür fehlt leider oft die Zeit. Am Anfang habe ich die gesamte Betreuung noch selbst gemacht, wie Thorsten sich erinnert:

Als wir im September 2003 unseren Laden umbauten, kam Mirco in der Nacht vor unserer Wiedereröffnung, gegen 1:00 Uhr, vorbei und hat den von ihm gestellten Kühlschrank selbst eingeräumt. Auch in den Jahren danach war Mirco immer mit sehr viel Einsatz dabei, etwa wenn wir ein Straßenfest hatten vor der „Kleinen Pause“.

Generell haben Lorenz und ich unsere ersten, schnell zu Freunden gewordenen Kunden noch ziemlich lange selbst betreut und beliefert – auch als wir längst das Geld und das Personal hatten, um das zu delegieren. Aber wir fühlten uns den Leuten verbunden, wollten auch den Kontakt zu unserem Markt da draußen nicht verlieren. Für uns hieß fritz-kola von Anfang an auch: direkter Kundenkontakt inklusive Kistenschleppen. Auf dieses Anfangsgefühl wollten wir nicht verzichten. Ab und zu dort zu sein, wo das echte Geschäft stattfindet und der Umsatz gemacht wird – das hilft allen Unternehmern, die mit beiden Beinen auf der Erde bleiben wollen. Noch heute boxe ich mir regelmäßig Platz im Kalender frei, um draußen „im Geschehen“ zu sein, Feedback durch Außenkontakte zu bekommen. Diese Impulse empfinde ich als unersetzlich. Wenn man nur den Binnenblick hat, hält man irgendwann die internen Abläufe für das zentrale Thema des Unternehmens. Dabei sind sie bloß ein Vehikel für das eigentliche Ziel jedes Unternehmens, nämlich die Kunden optimal zu versorgen und Umsatz zu machen. Auch ich müsste eigentlich noch viel mehr mit Leuten sprechen, die außerhalb unseres fritz-Kosmos sind.

Bei meiner Außendienstarbeit in den ersten Jahren sind mir natürlich auch skurrile Kunden untergekommen. Einmal hatte ich eine Notiz auf dem Schreibtisch: Ich sollte fritz-kola „bei Salon Graf“ vorstellen. Ein Friseur? Wenig später stand ich gespannt und ahnungslos vor einer Tür im Hamburger Stadtteil St. Georg – und mir öffnete eine sehr freizügig bekleidete Dame mit den Worten „Ah, du musst der von fritz-kola sein. Du wirst schon erwartet. Komm rein.“ Ich war tatsächlich in einem Bordell gelandet. Am Tresen traf ich neben

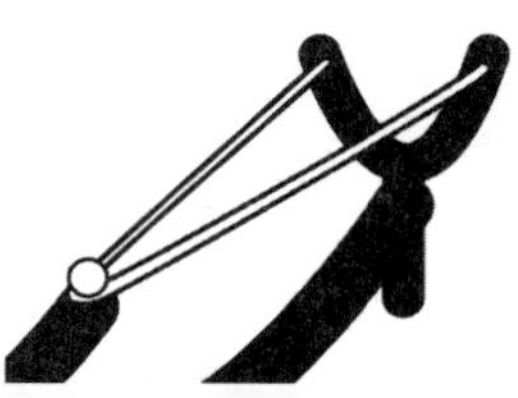

dem Inhaber „Herrn Graf" auch den Kollegen von Jägermeister. Ich stellte also meine Flasche hin, sagte mein Sprüchlein auf und stellte fritz-kola vor ... als es plötzlich klingelte. Der Jägermeister-Außendienstler lachte – er kannte das Spiel schon und gab mir Anweisungen. Wir rannten im Flur auf eine Spiegelwand zu, versteckten uns dahinter und mussten warten, bis der Freier seine Auswahl getroffen und in einem Zimmer verschwunden war. Dann konnte ich weiter verkaufen.

Ein anderes Mal sollte ich in die Norddeutsche Tiefebene fahren – ich war damals neben der Tagesgastronomie in Hamburg auch für Norddeutschland verantwortlich. Mitten auf dem Land, an einem Waldesrand, stieß ich auf eine riesige Villa, die von einem undurchsichtigen Bretterzaun abgeschirmt wurde. Ich klingelte wie geheißen, und es öffnete mir eine Frau, die aussah wie eine „deutsche Geisha". Der „Meister" erwarte mich schon; ich möge mich noch einen Moment gedulden. Ich war schon wieder im Sex-Business gelandet. Der wie ein Vampir gekleidete Manager – ganz in schwarzem Leder mit Hörnern auf dem kahlen Kopf – zeigte mir stolz seinen Club: von Andreaskreuzen zum Fesseln und Auspeitschen über mannsgroße Hamsterräder und nachempfundene Thronzimmer bis hin zu dunklen Ecken war für alles gesorgt. Ich sagte wieder mein Sprüchlein auf, stellte fritz-kola vor und vermittelte den Kontakt zum nächsten Getränkehändler, um eine zuverlässige Belieferung zu organisieren. Ob diese Kunden fritz-kola dauerhaft bezogen haben, weiß ich gar nicht mehr – aber ich erinnere mich noch daran, dass ich beeindruckt war, durch meine Selbstständigkeit auch eher abwegige Orte kennenzulernen.

Einmal hatte ich auch eine Tour auf Sylt. Ich kannte mich dort nicht aus; die Ortsangabe für einen Termin lautete „Buhne 16, in Kampen am Strand“. Also das Auto an der Straße geparkt, die Musterkiste ausgepackt und den langen Weg durch die Dünen gestapft. Fast 10 Kilo Getränke unter glühender Sonne durch lockeren Sand zu schleppen, kam mir vor wie eine auslaugende Wüstentour. Damals führte nämlich noch kein Bohlenweg zu dieser exklusiven Strandbar an der Nordsee. Ich hatte auch noch keine Ahnung, dass „Buhne 16“ eine superangesagte Location war. Völlig erschöpft, aber glücklich über die schöne Nordseeatmosphäre erreichte ich schließlich schweißgebadet die Betreiber Tim und Sven. Sie lachten sich kaputt und sagten, dass sie mich doch mit dem Auto von der Straße hätten abholen können … aber dann hätte ich ja diese besondere Dünenwanderung verpasst. Damals ahnte ich noch nicht, dass mich bis heute immer wieder Menschen auf ihren fritz-kola-Moment an Buhne 16 ansprechen würden.

Während der Jahre im Außendienst für fritz-kola habe ich die vielseitige Gastronomie in Norddeutschland und den angrenzenden Ländern kennengelernt. Im VW-Bulli und später im Golf sammelte ich fleißig Knöllchen und Blitzerfotos. Das schönste zeigt mich völlig vergrippt mit Schal und Mütze – den Berg an „Unternehmerdope" auf dem Beifahrersitz, also Wick-Daymed, Aspirin plus C, eine Kanne mit heißem Tee und Taschentücher, sieht man zum Glück nicht. Und ich lernte so einiges. Zum Beispiel, dass der Tankanzeiger bei VW sich immer ausreichend früh meldet; in welchen Positionen man im Auto am besten schläft; und wie man unterwegs eine gute von einer schäbigen Herberge unterscheidet, was in Zeiten vor „Holidaycheck" und „Tripadvisor" am besten durch Beobachtung gelang: Wenn vor einer Herberge keine Autos stehen, dann einfach weiterfahren und weitersuchen bis zu einer augenscheinlich gut besuchten Unterkunft. Dort kann man dann versuchen, noch ein Bett zu bekommen.

Vor den ersten Kundenbesuchen hatten wir uns ein Preisgefüge überlegt: einen Preis für Getränkehändler (unabhängig von der Abnahmemenge, ohne weitere Nachlässe außer Skonto für die Abbuchungserlaubnis) sowie einen Preis für Gastronomen und Supermärkte. Kein Rabatt für irgendwen. Nach einem halben Jahr haben wir durch unsere verbesserte Marktkenntnis gemerkt, dass wir etwas zu teuer waren, und sind ein wenig runtergegangen. Und haben dann erst 2018 – immerhin 15 Jahre nach dem Start – zum ersten Mal seit der

Gründung die Preise erhöht. Vorher sahen wir keine Notwendigkeit, ans Preisgefüge ranzugehen: Es funktionierte und lief, und alles war klar und gut. Never change a running system!

Bei der Preisfindung dachten wir vom Kunden aus: Was kann ein Gastronom zahlen, sodass es sich für ihn rechnet? Dann haben wir eine ungefähre Marge eingerechnet für den Zwischenhandel, also den Getränkehändler – die wir anfangs, als wir noch selbst die Kisten schleppten, natürlich in unser Projekt investieren konnten. Und so hatten wir unseren Verkaufspreis.

Um die einzelnen Faktoren der Kalkulation bestimmen zu können, haben wir mit Barbetreibern, Getränkehändlern, selbstständigen Einzelhandelskaufleuten geredet. Dann haben wir rückwärts gerechnet. Die Differenz zwischen den Produktionskosten und unserem Verkaufspreis war dann unsere Marge. Die ersten Wochen haben wir noch ein bisschen rumgeeiert mit dem Preis, aber dann war alles ausgereift.

Auf die Konkurrenz haben wir weniger geschaut. Es gab Coca-Cola, okay, die gibt es immer. Was die machen, war uns einfach wurscht. Die waren ja eh Marktführer. Und dann gab es noch Afri-Cola und Pepsi und ein bisschen Bionade – mit damals schnell wachsendem Erfolg. Die Marktpräsenz von Pepsi war seinerzeit regional stark unterschiedlich ausgeprägt; in Hamburg war sie wenig präsent. Auf jeden Fall hatte Pepsi früher oft sehr gute Werbung. Legendär ist die „Pepsi – The choice of a new generation"-Kampagne mit dem Weltklasse-Basketballer Michael Jordan himself. Aber die öffentliche Wahrnehmung von Pepsi-Cola war und ist weitaus größer als ihre reale Bedeutung, was vielleicht auch daran liegt, dass viele Menschen solche Duelle lieben wie Beatles vs. Stones, Bayern vs. BVB – oder eben Pepsi-Cola vs. Coca-Cola. Da wird der Zweite oft als fast genauso groß wahrgenommen wie der Erste. Trotzdem konnten wir von der Bekanntheit eines Herausforderers wie Pepsi-Cola nur träumen.

der durchbruch

Mit den ersten Nachbestellungen begannen wir zu verstehen, dass fritz-kola eine echte Chance hatte. Aber wir waren immer noch viel zu unbekannt und eher eine Liebhabermarke als eine Kola mit einer großen Fangemeinde. Allein mit dem Abklappern von Lokalen würden wir nicht die Größenordnungen erreichen, die uns inzwischen vorschwebten. Und so kam es im April 2003 zur legendären Begegnung mit Matthias Onken, dem Redakteur der *Hamburger Morgenpost*.

Matthias selbst erinnert sich so an unsere erste Begegnung:

Ich war damals Anfang 30 und arbeitete seit rund acht Jahren als Journalist. Bei der MoPo war ich damals eigentlich Polizeireporter – aber so dramatisch, dass er in den Polizeibericht gehörte, war Lorenz' Sprung vor meinen Smart nun auch wieder nicht. Ganz genau kann ich mich an die Szene gar nicht mehr erinnern. Ich war jedenfalls gerade auf Recherche in Hamburg unterwegs, als mich Mirco und Lorenz auf ihre direkte Art unvermittelt anschnackten. Ein paar Tage später habe ich sie in dem Studentenwohnheim besucht, wo Mirco wohnte und wo sie viel an ihrer fritz-Idee gearbeitet hatten. Mirco war der Sanfte in dem ungleichen Duo, Typ supernetter Nachbarsjunge, fast ein bisschen schluffig. Lorenz wirkte straighter, nicht so weich und gefühlig wie Mirco. Ganz ehrlich: Darauf, dass sich da ein riesiger Erfolg anbahnte, hätte ich damals keinen Cent gewettet. Aber das Zusammenspiel von genialem Produkt mit zwei eher unscheinbaren Machern faszinierte mich journalistisch. Ohne jede Scheu oder Tabus erzählten sie mir von der Entwicklung ihrer Kola, von den Geschmackstest-Partys und dem Running-Gag, sie hätten die ersten Rezepturen in der Badewanne angerührt. Was mich ein wenig entgeisterte: Sie fragten mich ernsthaft, was denn eine redaktionelle Veröffentlichung kosten würde. Sie wussten nicht, dass man sich Artikel in einer Tageszeitung nicht einfach kaufen kann – und dass sie das auch gar nicht mussten. Denn die ganze fritz-Story überzeugte mich ohnehin – sie hörte sich so völlig unkompliziert und leicht an. Daran erkennt man ja oft die besten

Geschäftsideen – sie leuchten einem unmittelbar ein, obwohl man selbst nicht draufgekommen wäre. Und das Produkt der beiden Jungs war einfach cool. Fritz war damals ja der erste David, der gegen den Weltkonzern antrat. Der ganze Hype im Bereich Softdrinks kam erst Jahre später.

Für mich stand sofort fest, dass wir als Hamburger Zeitung mit damals breiter studentischer Leserschaft über diese Firmengründung berichten mussten. Und für mich wird fritz für immer die Kola aus dem Studentenwohnheim sein. Da komm ich auf dem Weg ins Büro heute fast täglich mit dem Fahrrad vorbei. Oft denke ich an Mirco, Lorenz und die Kola aus der erfundenen Badewanne. Manchmal macht mich die Erinnerung an diese wilden, freien Zeiten etwas wehmütig, aber weitaus häufiger muss ich einfach nur grinsen.

Wenige Tage nachdem Matthias uns im Studentenwohnheim besucht hatte und wir wussten, dass er etwas über uns schreiben wollte, mussten wir neue Ware aus unserer Brauerei in Nordrhein-Westfalen holen. Also mieteten wir uns einen Lkw den wir dank unseres „Old school"-Führerscheins aus den 1990ern ohne Zusatzprüfung fahren durften, um die Paletten abzuholen. Als wir mit unserem Laster voller frischer fritz-kola zurück nach Hamburg kamen, steuerten wir sofort eine Tankstelle an. Wir wollten schauen, ob die *Morgenpost* schon über uns geschrieben hatte. Ja – sie hatte. Und wie! Es gab eine Ankündigung auf der Titelseite und

dann einen Riesenbericht mit Fotos auf den Seiten 7 und 8. Diese Doppelseite in der *MoPo* war unser Durchbruch, das war uns sofort klar. Jetzt wussten wir, dass hier etwas richtig Großes entstehen konnte.

Jeder Gründer sollte sich frühzeitig genau darüber Gedanken machen: Wie erfahren die Leute von meinem Produkt oder meiner Dienstleistung und dass es wie gemacht ist für ihre Bedürfnisse? Und auf welchem Kanal und Weg erreiche ich die Zielgruppe am besten? Dass genug Leute einen von allein entdecken, ist unrealistisch und klassisch bezahlte Werbung schwierig für so ein niedrigpreisiges Produkt wie eine Kola und ein junges Unternehmen mit Mini-Werbebudget. Damit ein Plakat oder eine Anzeige mehr Geld einbringen, als sie kosten, muss man sehr viele Einheiten zusätzlich verkaufen. Das geht erst, wenn man den Markt schon sehr gut durchdrungen hat und überall präsent ist. Ein Teufelskreis für zwei Newcomer wie uns – vor allem, weil wir uns ja vorgenommen hatten, nur Geld auszugeben, das wir schon verdient hatten.

Dass die *MoPo* damals erkannt hat, dass wir einfach eine gute Geschichte zu erzählen hatten, war für uns wie ein Sechser im Lotto. Nun kamen tatsächlich mehr potenzielle Kunden auf uns zu, und wir hatten eine gute Referenz: „Stadtbekannt aus der *MoPo*“.

Heute ist die Lage anders als damals. Wer nicht weiß, wie er sein Mobiltelefon für die PR einsetzt, also in sozialen Netzwerken Aufmerksamkeit generiert, hat von Anfang an verloren. Es ist ein permanenter und kleinteiliger Prozess – analoge Medien mit der Reichweite der damaligen *MoPo* gibt es heute nicht mehr. Aber darüber, wie man mit Social Media Reichweite und Aufmerksamkeit erzeugt, brauche ich heutigen Gründern nichts zu erzählen, die Digital Natives können das sowieso besser als ich.

Zu jeder anständigen Gründerlegende gehört die Garage, in der zwei noch unerkannte Genies irgendwas zusammengeschraubt oder sich ausgedacht haben. Es gab Zeiten, in denen wir froh gewesen wären über eine Garage, in der wir einen ollen Schreibtisch hätten aufstellen können. Dass wir kein richtiges Büro hatten, ging nur einigermaßen, weil unser Job ja fast ausschließlich im Abklappern von Lokalen, im Entgegennehmen von Bestellungen am Handy und im Transportieren von fritz-Kästen aus den Kellern der Verwandtschaft in die Lokale bestand. Aber als der erste Leitz-Ordner mit Rechnungskopien voll war und wir einen zweiten eröffnen mussten, wurde es in meinem 12-qm-Zimmer im Wohnheim schon zu eng.

Weil wir auf den fritz-kola-Flaschen eine Adresse angeben mussten, stand dort lange die Anschrift des Studentenwohnheims drauf – auch als wir schon unser erstes Lager hatten. Das führte einmal dazu, dass der schwere Lkw eines Getränkehändlers bei uns in die enge Wohnstraße fuhr, mitten darauf parkte und der Fahrer mit seinem Abholzettel in unserem Gemeinschaftsraum auftauchte und fragte, wo er denn jetzt die fritz-kola abholen könne. Alle haben herzlich gelacht – und ich bin dann mit ihm zusammen ins Lager nach Ellerbek gefahren.

Als Nächstes funktionierten wir Lorenz' Zweizimmerwohnung in Eimsbüttel zum Büro um – ein klarer Fall von Zweckentfremdung zu Gewerbezwecken, der zum Glück verjährt ist. Lorenz zog um, und wir haben einfach seinen Mietvertrag nicht gekündigt, sondern sind mit unserer Firma dort eingezogen. In diesem „Wohnbüro" saßen wir bis Ende 2006 – auch noch, als wir bereits eine Innendienst-Mitarbeiterin und eine Praktikantin hatten. Den Nachbarn sollten die Mitarbeiterinnen auf Nachfrage erzählen, sie seien Lorenz' Cousinen und würden eine Weile bei ihm wohnen. Aus heutiger Sicht eine völlig absurde Legende, aber damals hatten wir nichts Besseres in petto. Das war typisch für unsere damalige Haltung „Erst mal machen, dann sehen wir weiter."

Parallel hatten wir ungefähr im Sommer 2004 einen Lagerraum auf einem Schrottplatz in Ellerbek gemietet. Die Familienkeller waren zu klein geworden und das Schleppen der Kästen die Kellertreppen rauf und runter war uns auf Dauer zu mühsam. Das Lager, eine ehemalige Tischlerei, die eher ein Schuppen war, kostete 600 Euro im Monat, entsprach also unserer Devise, immer nur so viel Geld auszugeben, wie wir auch auf dem Konto hatten. Der Preis dafür: Es war unbeheizt, sodass wir im Winter eine Baustellenheizung reinstellen mussten, damit die Flaschen nicht kaputtfroren.

2005 stellten wir einen Mitarbeiter für unser Lager an, der dort die Anlieferungen und das Leergut gemanagt und auch die ersten Auslieferungen an Bestandskunden übernommen hat. Bis dahin hatten wir das alles allein gestemmt. Für Norman Sonnrein, unseren Mann im Lager, haben wir einen gebrauchten Golf gekauft – unseren ersten Firmenwagen. Und mit dem hat er dann die Kola angeliefert und vor Ort abgerechnet. Norman hat uns dann lange begleitet – bis wir das eigene Lager aufgegeben haben. Am Anfang im Winter dick in drei Lagen Klamotten eingepackt, um nicht zu erfrieren (zum Aufwärmen ging er auf die Toilette, wo ein kleiner Elektroofen stand), später als Leiter des Lagers direkt unter den Büroräumen in Billbrook. Seit 2011 ist unser Zentrallager an unseren größten Abfüllbetrieb in Wagenfeld (Niedersachsen) angegliedert.

Als es auch in Eimsbüttel endgültig zu eng wurde, mieteten wir im Dezember 2006 günstig ein Ladenlokal am Lokstedter Steindamm, einer lärmigen Ausfallstraße nördlich der City. Es bestand aus einem einzigen großen Raum. In einer der Ecken standen unsere Schreibtische – wir hatten jetzt jeder einen, weil dafür endlich Platz war. Großer Fortschritt. Doch ausdifferenziert war die Arbeit damals immer noch nicht. Damals musste noch jede und jeder alles können und machen. Es war ja für alle ein ständiges Learning by Doing.

Wir hatten uns darauf eingestellt, dass Unternehmersein vor allem eins bedeuten würde: vielviel Arbeit und kaum Freizeit. Als das Geschäft so richtig Fahrt aufnahm, habe ich erst mal den Abgabetermin meiner Diplomarbeit rausgeschoben. Wie zu erwarten, kamen sowohl Freundschaften und Beziehungen als auch der Nachtschlaf zu kurz. Es war einfach keine Zeit dafür. Wir arbeiteten bis spätabends und standen früh wieder auf, um weiterzuarbeiten. Wenn ich endlich zum Schlafen kam, konnte ich es aber gut und tief. Nächtliches Wachliegen mit Sorgen oder nächtliches Joggen kamen erst später, als wir etwas aufgebaut, also etwas zu verlieren hatten und Verantwortung für immer mehr Mitarbeiter trugen.

Wir hatten allerdings nicht gewusst, wie viel Arbeit es tatsächlich ist. Und was genau auf uns zukam an Aufgaben.

Wahrscheinlich war das ein Glück, sodass wir mit den Aufgaben wachsen konnten.

Wir mussten jedenfalls sehr viel lernen – und haben uns noch lange an unserem allerersten Geschäftsplan orientiert, der DIN-A4-Seite. (Eine ausgefeiltere Strategie schrieben wir erstmals 2011 auf.) Jede neue Aufgabenstellung löste erst einmal ratlose Blicke aus. Wie schreibt man eine Rechnung und wie kann man das automatisieren? Was muss der Abfüllbetrieb wissen? Wie bearbeitet man eine Reklamation? Wo ist der Ersatzschlüssel fürs Lager? Wie kommt man an gebrauchte Flaschen und Kästen – und wer produziert sie einem neu? Wer druckt Etiketten und in welcher Qualität? Wird Mehrwertsteuer auch auf Pfand gerechnet? (Ja beim Verkauf an Getränkehändler, nein beim Verkauf an Endverbraucher. Wahnsinn!) Wie meldet man einen Firmenwagen an? Und so weiter und so weiter.

Auf manche Tätigkeiten hatten wir einfach überhaupt keinen Bock. So haben wir die Buchhaltung bald nach dem Start an eine Steuerberaterin ausgelagert. Das bescherte uns Ruhe gegenüber dem Finanzamt und dadurch Zeit für interessantere Aufgaben, wie zum Beispiel Amsterdam entdecken und Kola an Clubs ausliefern.

praktikanten und pioniere

2009 kam Katharin Rehder zu uns – als Praktikantin im Rahmen ihres Studiums. Sie wurde mit der Zeit meine enge Mitarbeiterin. Katharin behauptet, bis heute den Geruch des einen „Chefbüros“ in der Nase zu haben – das war schon in der Liebigstraße im gewerblich geprägten Osten von Hamburg, wohin wir 2008 gezogen waren. Wegen der defekten Klimaanlage habe es dort oft nach einer Mischung aus Kohlrabi und Knoblauch gestunken. Auch an den durchgelatschten Teppich, die günstigsten IKEA-Möbel und die Hitze im Sommer wegen des defekten Sonnenschutzes ausgerechnet an den riesigen Fenstern mit Südausrichtung erinnert sie sich. Dennoch blieb sie bei uns – nach dem Praktikum als Werkstudentin und ab März 2011 im Innendienst für Vertrieb, Einkauf und Produktion mit der Führung einzelner Teams. Nach und nach wurde sie zu meiner rechten Hand in Sachen Zahlen und Analysen sowie übergreifenden Projekten; 2016 bekam sie Prokura. Sie ist ein Beispiel, was alles aus einem Praktikum werden kann. Aus meiner Sicht waren und sind Praktika, wenn es gut und fair läuft, immer ein Tauschgeschäft, also eine Win-win-Geschichte: Das Unternehmen bekommt auf Zeit eine sehr preiswerte oder kostenlose Arbeitskraft, die aber erst eingewiesen werden muss – die Praktikanten erhalten dafür die Chance, sich gefahrlos auszuprobieren, sehr schnell sehr viel zu lernen und sich für eine richtige Anstellung zu empfehlen. Zweifellos gab es Anfang des Jahrtausends in manchen Branchen Exzesse – die Mitglieder der „Generation Praktikum" reihten ein unbezahltes Praktikum ans andere und die Unternehmen sparten auf unfaire Weise Lohnkosten für die irgendwann durchaus qualifizierte Arbeit.

An ihrem ersten Jahr gefiel Katharin unter anderem, dass es keine typischen „Praktikanten-Aufgaben" gab. Die (meistens funktionierende) Regel hieß: Neuen Kaffee kocht, wer den letzten genommen hatte – egal, ob das Lorenz und ich oder jemand anderes war. Auch unsere Kopien machten wir selbst und riefen dafür nicht eine Praktikantin. Gleichzeitig habe aber, so Katharin, manchmal ein recht rauer Ton zwischen den Mitarbeitern geherrscht: „Die Frauen bei fritz brauchten Haare auf den Zähnen. Zu sensibel durfte man nicht sein." Der Vorteil: Probleme und Konflikte wurden direkt und schnörkellos angesprochen.

Eine weitere prägende Erfahrung war die extreme Sparsamkeit der Anfangsjahre. Katharin erinnert sich an ein dramatisches Krisengespräch, das Lorenz und ich mit einigen Mitarbeitern führten, weil schon wieder Tacker angeschafft werden sollten. Wir waren der Meinung, dass noch genügend von diesen 3-Euro-Geräten vorhanden sein müssten – und haben vermutlich mit dieser Unterredung Arbeitszeit im Ge-

genwert von 10 oder 20 Tackern vernichtet. Eine weitere typische Anekdote aus diesen Jahren erzählt Katharin selbst:

Zu meiner Zeit als Praktikantin war an sich wenig Zeit zum Plaudern, aber es gab diese zwei Wochen im Januar, in denen man mal durchatmen konnte. Ich erinnere mich noch, wie ich auf einem Schreibtisch saß und eine weitere Kollegin und ein Kollege aus dem Hamburger Vertrieb ebenfalls kurz nichts machten, und mit einer fritz in der Hand plauschten wir. Es kann nicht lange gewesen sein. Aber ich nahm Mircos nervöse Blicke schon wahr. Irgendwann kam er freudestrahlend zu uns, stellte sich lächelnd und nickend, als ob er dem Gespräch folgte, zu uns und meinte dann nach ein paar Minuten, in denen er nichts gesagt hatte: „Wollen wir mal alle wieder arbeiten?" Ich muss zugeben, dass ich damals lachen musste. Und ich weiß immer noch, wie er dastand und ich richtig sehen konnte, wie er mit sich kämpfte. Einerseits wollte er nicht den Chef raushängen lassen, aber andererseits wollte er schon, dass die Plauderei nun mal vorbei wäre. Ein typischer Zwiespalt: eine Autorität sein müssen, wenn man eigentlich doch eher Freund sein will.

Woran Katharin sich ebenfalls noch erinnert: Bei fritz wurden damals absolut keine Anglizismen verwendet. Laptop hieß bei uns „Klapprechner", Flyer hieß „Flugblatt" und so weiter, was für neue Kollegen manchmal eine kleine Stolperfalle war. Unser Motiv war natürlich kein dumpf-nationales. Wir waren einfach genervt von den vielen Bullshit-Begriffen, die in den Nullerjahren geradezu inflationär in Mode waren – und die ja oft gar nicht oder falsch verstanden wurden. Ein berühmtes Beispiel ist der Claim der Drogeriekette Douglas aus jenen Jahren „*Come in and find out*“: Eine Straßenumfrage zeigte damals, dass nicht wenige das als Einladung in ein Labyrinth missverstanden. Und wo man nicht von selbst wieder rausfindet, da geht man auch ungern rein. Ein klassisches Bullshit-Eigentor. Wir wollten mit unserer Sprache immer einfach, klar und superverständlich sein; niemanden ausschließen, weil sein Englisch vielleicht nicht gut genug war oder er kein abgeschlossenes Studium besaß.

Die Firmenausstattung war in den ersten Jahren geprägt durch das knappe Kapital. Wir hatten jeder einen privaten Laptop und ein Handy. Eine unserer ersten Anschaffungen war ein Faxgerät, für die Kommunikation mit den Abfüllbetrieben. Außerdem haben wir fürs Lager einen alten Computer und einen Drucker besorgt, damit Rechnungen für die abholenden Getränkehändler geschrieben werden konnten. Wenn man nicht selbst produziert, also keine Maschinen braucht, sind normalerweise Autos das kapitalintensivste Gut. Unser stetig wachsender Außendienst musste motorisiert sein, zumal wir mehr und mehr in die Fläche gingen. Unsere Leasingfahrzeuge für die Vertreter waren anfangs untypisch eher klein, also eher Golf-Klasse als Audi- oder BMW-Kombi, sodass der größte Kostenfaktor in den ersten Jahren

die Flaschen und Kisten waren. Am Anfang standen 300 gekaufte Kisten in Schwarz – und, um Geld zu sparen, ohne fritz-kola-Aufdruck. Als wir merkten, dass wir zu viele Kisten verloren, weil sie mangels Aufdruck nicht den Weg zu uns zurückfanden, haben wir Aufkleber verwendet. Außerdem haben wir anderen Getränkeherstellern gebrauchte Kisten abgekauft und mit Aufklebern versehen. Dafür haben wir einen Schüler engagiert.

Aus Mangel an Original-fritz-kola-Kisten haben wir die vollen Flaschen manchmal auch in geliehenen Brauereikisten zum Kunden transportiert und dort umständlich die leeren fritz-Flaschen aus der Original-fritz-Kiste rausgenommen, die Kiste mit Glasreiniger geputzt, die vollen Flaschen aus den Bierkisten reingestellt und die leeren Flaschen in der geliehenen Kiste wieder mitgenommen. So blieb die Kiste mit unserem fritz-kola-Schriftzug beim Kunden und konnte nicht versehentlich einem anderen Lieferanten mitgegeben werden.

Sascha Müller stieß 2010 als Außendienstler zu fritz-kola und war einer der ersten zwanzig. Er war 23 und hatte vorher bei Edeka Einzelhandelskaufmann gelernt und dort ein paar Jahre gearbeitet. Heute hat er bei fritz amtlichen Legendenstatus, weil er ein Haudegen erster Ordnung ist. Ihm haben wir es in großem Ausmaß zu verdanken, dass fritz-kola heute auch in Super- und Getränkemärkten präsent ist. Wir haben seither oft zusammengesessen und die Anfänge Revue passieren lassen. Mit fröhlichem Grausen blickte er dann darauf zurück, dass er von einem Tag auf den anderen und ohne jede Außendiensterfahrung für den kompletten norddeutschen Raum verantwortlich war. Die Kundenauswahl erfolgte eher nach dem Gießkannenprinzip, um annähernd allen Regionen gerecht zu werden. Also war er heute in Hamburg, morgen in Wolfsburg, übermorgen in Bremen und so weiter. All diese Fahrten machte er zunächst mit seinem privaten VW Polo und mit Kilometergeld aus der Firmenkasse, weil wir uns damals kein weiteres Leasing-Auto leisten konnten. Als er dann 2011 den Firmenwagen eines Kollegen übernehmen konnte, fühlte er sich, so erzählt er bis heute, vollends angekommen bei fritz.

Ebenfalls ein Pionier war Patrick Keller, der von 2008 bis 2012 im Vertrieb und im Marketing arbeitete und uns dann aus privaten Gründen in Richtung Schweiz verließ. Als er bei uns anfing, bestand unsere Firma aus drei Praktikanten, einer Vertriebsinnendienstkraft, zwei Außendienstlern in Hamburg, einer Handvoll freiberuflicher Handelsvertreter, Norman im Lager sowie Lorenz und mir. Patrick war gelernter Bankkaufmann und studierte jetzt Soziologie. Nebenher war er Merchandiser und hat auf diversen Konzerten die T-Shirt-Stände betrieben. Bei so einer Gelegenheit hatte er Lorenz 2006 kennengelernt und nach einem Praktikum gefragt. Wir hatten bei dem Konzert im Hamburger Stadtpark backstage einen fritz-kola-Kühlschrank aufgestellt – es war eines unserer ersten „Sponsorings“. Nationale und internationale Crews sollten die wahre Hamburger Kola kennenlernen und so unsere Bekanntheit über die Grenzen der Stadt hinaus steigern.

Patrick passte zu uns und insbesondere zu Lorenz. Die beiden teilten die Leidenschaft für Nike Sneaker und machten daraus später Kooperationen mit Sneaker Events und dem Sneaker-Museum von Oliver Korittke in Berlin und Anzeigen im Magazin *Sneaker Freaker*.

Patricks „Vorstellungsgespräch“ fand in unserem winzigen, vollgestopften Büro im Lokstedter Steindamm statt und dauerte fünf Minuten. Er erinnert sich, dass ich an meinen Schreibtisch gelehnt stand und sagte „So. Du willst jetzt bei uns arbeiten, oder was?“ Er hatte das Gefühl, dass ich zwar gut gelaunt, ihm gegenüber aber zunächst etwas skeptisch war. Aber Lorenz und ich hatten uns ja abgesprochen und es war klar, dass wir ihn als Praktikanten nehmen würden. An jenem Tag stellten wir die Weichen für eine neue Epoche bei fritz-kola: Neben Patrick stellten wir einen Außendienstler für Hamburg-St. Pauli ein, außerdem gleich zwei weitere Praktikanten. Die Zukunft konnte beginnen.

Lassen wir Patrick zum Schluss selbst erzählen:

Bei fritz gearbeitet zu haben, ist definitiv ein Pluspunkt im Lebenslauf. Und ich habe sehr viel gelernt. Vor allem Eigenverantwortung. Ich konnte den Durchbruch eines Unternehmens am Markt mitgestalten und in sehr jungem Alter Dinge tun und verantworten, die ich woanders nicht gekonnt hätte. Mirco und Lorenz lebten das Pfadfinderprinzip „Jugend führt Jugend". Sie stellten viele junge Leute ein, die ein ähnliches Mindset hatten wie sie selbst, und vertrauten ihnen.

Grandios war auch das Talent der Fritzen zum Feiern. Mein Geburtstag fiel meist in die Zeit der Internorga, einer der weltweit bedeutendsten Gastronomiemessen; sie findet in Hamburg statt. An meinem Geburtstag haben wir oft die ganze Nacht durchgefeiert – und mussten am nächsten Morgen wieder am Messestand stehen. Einmal war ich aber noch so zerstört, dass Lorenz mich lieber hinter die Kulissen verbannte, zum Eingeben von Kundendaten. Publikumskontakt wäre an dem Tag keine so gute Idee gewesen. Mirco sah solche Exzesse zu Messezeiten aber nicht so gern. Er wollte, dass sich das viele Geld für den Messestand auszahlte und dass am Ende möglichst jeder Messebesucher fritz-kola probiert hatte.

Einige Male waren Mirco und ich auch auf Städtereisen – zum Beispiel in London oder in Amsterdam. Mirco sagte dann zu mir: „Keller, in London sind die ganzen Trends, das müssen wir uns mal wieder anschauen." Es war cool, aber es waren keinesfalls Vergnügungsreisen. Mirco ist eben immer im Dienst. Oft klapperten wir bis Mitternacht im Stechschritt zwanzig Läden ab und kamen kaum dazu, mal kurz was zu essen. Das kannte ich aber auch aus Hamburg, wenn ich mit Mirco in ein Lokal kam und er mit einer gewissen Panik in den Augen sagte: „Oh, hier sind wir gar nicht vertreten."

ohne partner geht es nicht

Dass wir uns entschieden hatten, nicht unter die Lebensmittelchemiker zu gehen und unsere fritz-kola selbst zu produzieren, war sicherlich eine weise Entscheidung, zumal wir uns den Aufbau von Produktionsanlagen inklusive Reinigung, Logistik und so weiter gar nicht hätten leisten können. Durch dieses Outsourcing delegierten wir auch den gesamten Bereich Lebensmittelrecht und -überwachung an die damit erfahrenen Abfüllbetriebe. Glücklicherweise leben wir in einem Land, in dem man – trotz gelegentlicher Skandale – darauf vertrauen kann, dass gekaufte und verzehrte Lebensmittel einen nicht krank machen oder umbringen, schließlich überwachen Behörden die Hygiene, die Zutaten und so weiter. Aber der Aufwand dafür ist erheblich. Ein Unternehmen wie Bionade konnte das damals schon leisten, weil es ja aus einer Brauerei hervorgegangen war, die Anlagen und Strukturen also bereits vorhanden waren. Aber wir waren blutige Anfänger ohne Kapital und ohne Fachwissen. Dieser Wissensmangel trat im Sommer 2003 eklatant zutage.

Wir hatten die neue Ware gerade nach Hamburg gebracht und eingelagert, da fiel uns etwas auf: In der Kola schwammen merkwürdige Flocken herum, und im Flaschenhals sah man, dass das Getränk oben seine Farbe verloren hatte. Was war das? Kola naturtrüb? Und was sollten wir jetzt tun? Einerseits warteten die Kunden auf Nachschub – aber andererseits wussten wir: Wenn wir mit einer immer noch ganz neuen Kola daherkommen, bei dem der Anblick Zweifel weckt, dann können wir es gleich lassen. Wenn wir eine erfolgreiche Kola aufbauen und etablieren wollen, brauchen wir eine dauerhaft gute Qualität. Bei einer eingeführten Marke ist es schon schlimm genug, durch eine Panne bei der Qualität Vertrauen zu verspielen – aber für einen Markt-Neuling ist es natürlich tödlich. Mit dieser Ware hätten wir nie und nimmer neue Kunden gewonnen – und sogar die gerade erst gewonnenen wieder verloren. Die Glaubwürdigkeit bei Gastronomen zu gewinnen, war damals echt schwer.

Wir riefen die Brauerei an. Der Braumeister beteuerte, es handle sich um gesundheitlich völlig unbedenkliche Veränderungen und man könne die Kola bedenkenlos trinken. Aber das kam für uns nicht infrage. Wir waren megafrustriert. In der fehlerhaften Tranche steckte, wie immer am Anfang, fast unser ganzes Geld – aber wir waren entschlossen, sie so nicht auf den Markt zu bringen. Wir waren allerdings total unerfahren im Umgang mit Lieferanten und mit solchen schwierigen, ja geradezu existenziellen Situationen. Wie konnten wir reklamieren, ohne den Braumeister so zu verärgern, dass wir danach ohne Lieferanten dastanden?

Dazu muss man wissen, dass man als Abnehmer kleiner Mengen nicht allzu wählerisch sein kann. Für die großen, industriell arbeitenden Abfüllbetriebe waren wir uninteressant – für ein paar Hundert Kästen schmeißen die nicht ihre Maschinen an beziehungsweise richten diese auf das Produkt ein. Also blieben uns nur die kleinen, eher handwerklich arbeitenden Betriebe – und die können manchmal nicht durchgehend dieselbe hohe Qualität liefern.

Zum Glück überzeugte der Braumeister den für ihn zuständigen Gebietsvertreter des Vorlieferanten, als Moderator für ein Vermittlungsgespräch zur Verfügung zu stehen – und legte so den Grundstein für eine tolle Freundschaft, die fritz bis heute eng mit Peter Thiele verbindet. In seinen Worten klingt das so:

Ich hatte das unverschämte Glück, von Anfang an dabei sein zu können als Lieferant, Berater, Mitbegründer, Mitarbeiter, Multiplikator, Entwickler, Netzwerker, Unterstützer, Treiber, Sympathisant, Schlichter, Vermittler, Kommunikator, Vernetzer, Vertrauter, Ratgeber, Begleiter und und und und und … und guter Freund beider Gründer.

Gebietsvertreter Peter machte für dieses Gespräch in der Brauerei sogar einen Umweg auf dem Weg in den Sommerurlaub. Während seine Frau versuchte, über Stunden die beiden Kinder in Schach zu halten und zu bespaßen, saßen Lorenz und ich mit dem Braumeister und Peter in der holzgetäfelten Stube der kleinen, traditionellen Gutsbrauerei, die nur nebenher Limo herstellte und die Zutaten dafür seit jeher von besagtem Lieferanten bezog.

Wir waren mit dem festen Plan hierhergekommen, unsere Ziele durchzusetzen – also kostenlosen Ersatz für die mangelhafte Charge zu erhalten. Uns ärgerte, dass wir so wenig Ahnung hatten, und wir stellten intensive Fragen nach dem Produktionsprozess. Wir wollten wirklich verstehen, was schiefgegangen war. Außerdem konnten wir es uns auch schlicht nicht leisten, die fehlerhafte Charge abzuschreiben und noch mal eine ganz neue Charge der Kola zu bezahlen.

Peter vollbrachte einen diplomatischen Drahtseilakt – er wollte natürlich vermeiden, dass sein Kunde bloßgestellt würde, und verstand auch dessen angespannte wirtschaftliche Lage. Andererseits schien er Lorenz und mich auf Anhieb zu mögen – und vor allem nahm er uns ernst. Er spürte, dass wir um das Leben unseres „Babys" verhandelten, in dem unser ganzes Kapital, vor allem aber unser Herzblut steckte. Und er verstand, dass unser gerade gestartetes Business auf Messers Schneide stand und dass eine Lösung hermusste. Peter wollte, dass auch kleine und neue Kunden den optimalen Service und Top-Qualität bekamen. Schließlich hat jeder mal klein angefangen und war auf die Professionalität der Alteingesessenen angewiesen. Und er hat auch das Potenzial von fritz-kola erkannt und wusste: Das können mal richtig große Kunden werden. Sein Riecher hat ihn nicht getrogen.

Nach dem zunächst ergebnislosen Vierergespräch – der Braumeister mauerte ziemlich – nahm Peter sich beide Seiten getrennt vor – und schaffte es, dass wir uns am Ende einigten: Wir brachten die fehlerhafte Tranche auf unsere Kosten zurück zur Brauerei, wo unter Aufsicht von Peter zügig neu produziert wurde. Die Zutaten spendierte der Vorlieferant – eine für beide Seiten gesichtswahrende und kostenschonende Lösung, für die wir sehr dankbar waren. Denn gerade bei kleinen Produktionsmengen sind die Zutaten ein erheblicher Kostenfaktor. Zur Aktion „Gesichtswahrung" gehört auch, dass die Frage, was genau denn nun schiefgelaufen war, nicht mehr thematisiert wurde.

Ich kann nur allen Gründern empfehlen, am Anfang eher überkritisch und superpenibel zu sein, wenn es um die Qualitätskontrolle geht. Das gilt zumindest bei Lebensmitteln oder anderen gesundheitsrelevanten Produkten, die ohne Wenn und Aber einwandfrei sein müssen, um niemanden zu gefährden. In anderen Bereichen kann man sicherlich ein wenig mehr „Versuch und Irrtum" oder „Better done than perfect" walten lassen. Dennoch: Wenn ein neues Produkt nicht überzeugt, kann man sich gleich am Anfang für immer den mühsam vorbereiteten Marktzugang verbauen.

Auf Peter getroffen zu sein, war ein Glücksfall für uns. Er war kompetent und fair; und er wurde schnell zum Freund – und zum Fan. Als einer der Ersten pushte er fritz-kola auch im privaten Kreis – etwa bei Vereinsfeiern und Silvesterparty. Und er merkte als einer der Ersten, wie stark und attraktiv die Marke war. Peter hat uns auch immer wieder Hinweise auf Dinge gegeben, die er am Markt beobachtete – wie zum Beispiel das Phänomen „Melonenlimo".

Nach der Erfahrung mit der schwankenden Qualität machten wir uns auf die Suche nach einem neuen Abfüllbetrieb, der etwas mehr Erfahrung mit Softdrinks hatte und etwas sorgfältiger war – aber auch klein genug, um mit kleinen Mengen professionell und routiniert umzugehen. So jemand war nicht leicht zu finden, aber schließlich gelang es uns doch, zwischen Hannover und Dortmund einen Abfüllbetrieb zu finden, der uns zusagte. Mit diesem Abfüllbetrieb konnten wir erstmals bis zu einer LKW-Ladung fritz-kola pro Woche produzieren, also fast 32 000 Flaschen.

Irgendwann wurde der Betrieb zu klein für die wachsenden Mengen. 2006 wechselten wir deshalb zu einem Abfüller im Ruhrgebiet. Die Abfüllung, also die Produktion unserer fritz-kola in den ersten Jahren, beanspruchte viel Aufmerksamkeit. Als kleines Kola-Start-up mit geringen Produktionsvolumen waren wir gerne gesehen bei kleinen, liebevoll geführten Handwerksbetrieben. Diese schaffen gut kleine Chargen, erwarten vom Kunden aber auch eine größere Fehlertoleranz, etwa mal mehr oder weniger Kohlensäure in der Kola oder unterschiedliche Füllstände. Mit zunehmendem Wachstum und wachsenden Ansprüchen unserer Kunden mussten wir allerdings häufiger mal den Abfüllbetrieb wechseln. Zurückblickend erinnere ich mich immer noch gerne an die fast „hand made" fritz-kola aus jener Zeit.

Die Erfahrung mit dem ersten Abfüllbetrieb hat uns möglicherweise übersensibel gemacht für Qualitätsmängel. Das bekam auch Joachim Fink zu spüren, als er bald nach unserem Start vier Jahre lang unser Abfüller für Süddeutschland und Österreich wurde. Zu dieser Zeit trugen unsere Flaschen in Süddeutschland Etiketten mit dem Aufdruck „Hamburg grüßt den Süden". Joachim hat einen kleinen Getränkeabfüllbetrieb in Lingenau bei Bregenz in Österreich, ganz nah am Bodensee, mit gerade mal sechs Angestellten. Unter anderem haben sie eine Zeit lang auch den berühmten „Almdudler" abgefüllt.

Der Kontakt zwischen uns entstand auf sehr kuriose Weise – am anderen Ende der Welt, und zwar in Alaska. Dorthin war eine Freundin von Joachims Mutter vor 40 Jahren ausgewandert. Weil sie mit Nachnamen Fritz heißt, googelt sie öfter mal nach diesem (nicht gerade seltenen) Namen. 2004 waren wir offenbar im Ranking schon so weit oben, dass sie auf uns stieß – und Joachim auf diese kola-Firma in Hamburg aufmerksam machte. Da er auf Kundensuche war, mailte er uns gleich mal an und fragte uns auf nette und unkomplizierte Art, ob wir einen Abfüller suchten.

Joachim erinnert sich an die erste Begegnung:

Die Antwort kam schnell, und kurze Zeit später kamen Mirco und Lorenz in ihrem Golf bei mir vorbei, um sich den Betrieb anzuschauen und zu verhandeln. Ich fand sie auf sympathische Art bescheiden – normalerweise fahren meine Kunden in fetten Autos vor und protzen mit teuren Uhren und Handys. Die beiden waren eher zurückhaltend und für unsere Verhältnisse auch nordisch kühl. Sie hatten offensichtlich wenig Erfahrung mit solchen Verhandlungen, aber sie waren überzeugt von ihrem Produkt und verhandelten selbstbewusst. Schon weil ich die Zusammenarbeit mit Coca-Cola unangenehm fand und den Konzern eher unsympathisch, freute ich mich über die Neulinge am Markt und machte ihnen einen fairen Preis.

Die kleinen Mengen, die wir anfangs benötigten, waren eine Herausforderung für Joachim – nur 60 bis 80 Kisten waren es jeweils. Die wurden teilweise per Spedition zu uns nach Hamburg geschickt, oder Joachim fuhr sie selbst nach Stuttgart und lud sie dort unter abenteuerlichen Bedingungen bei einem Lager ab. Von dort wurde dann der – damals noch sehr kleine – süddeutsche Markt beliefert. Bald gab es dann aber das Zentrallager in Stuttgart.

Wie persönlich und formlos die Zusammenarbeit in den frühen Jahren lief, erzählt Joachim am besten selbst:

Mein Ansprechpartner bei fritz war in der Regel Lorenz. Unser Verhältnis war sehr gut, eher kumpelig als businesslike. Lorenz kam regelmäßig zu uns nach Vorarlberg. Ich war immer darauf vorbereitet, mit ihm offene Fragen zu besprechen – und er genoss auch die Vorarlberger Atmosphäre. Deshalb sind wir dann meist Käsknöpfle essen gegangen (so heißen bei uns die Käsespätzle), mit der Sommerrodelbahn gefahren, dann mit der Seilbahn auf den Berg, um dort ein, zwei Bier zu trinken …

Übrigens hat Lorenz sich immer eine Privatkiste der von uns abgefüllten fritz-kola bestellt – er fand, dass sie wegen des Alpenwassers besser schmeckte.

Einige Male war ich auch in Hamburg. Ich erinnere mich an

den Mai 2008, als ich mit Lorenz drei Tage lang Party machte, bei Supersommerwetter am Ostseestrand. Wir zogen einfach von einer Beatbar in die andere.

Was die Arbeit betraf, war am Anfang manches aufseiten von fritz-kola recht chaotisch organisiert. Wenn Norman, der Lagerverwalter in Hamburg, bei mir bestellte, zeigte sich oft, dass bei mir zu wenig Kisten und Flaschen waren oder sie vergessen hatten, mir die Zutaten schicken zu lassen. Gerne und häufig wechselten sie auch im letzten Moment die Bestellmengen und -termine; das konnte schon manchmal hektisch und auch nervig sein.

Wenn Kästen und Flaschen fehlten, lag das aber nicht immer nur an schlechter Organisation – anfangs fehlte ihnen oft schlicht das Geld, um die Dinger zu beschaffen. Deshalb habe ich ihnen einmal sogar ein Darlehen von 3000 Euro gegeben für Kisten und Flaschen, das sie abstotterten. Heute sage ich mir: Hätte ich mal lieber Firmenanteile genommen …

Im September 2008 endete unsere Zusammenarbeit leider. Nach einem Wechsel unseres Zuckerlieferanten flockte der neue Zucker in der Kola aus. Es war nur ein optisches Problem – gesundheitlich war es unbedenklich, und den Geschmack beeinflusste es auch nicht. Dennoch beendete fritz die Kooperation damals sehr abrupt.

Zuvor hatte es ein paar Mal leichte Kritik gegeben, weil wir beim Abfüllen nicht immer die exakt gleiche Füllhöhe hinbekamen. Wir sind eben ein kleiner Handwerksbetrieb und haben keine computergesteuerte Großanlage. Aber wir haben immer sauber gearbeitet und nie Probleme mit Schimmel oder Keimen gehabt.

Heute habe ich aber wieder ein gutes Verhältnis zu fritz und zu Mirco. Wir sind auch Händler für Österreich und führen fritz-kola. Lange Zeit war sie hier kaum vertreten, aber seit es einen neuen Außendienst gibt, ist sie zumindest in den Unistädten häufiger zu sehen. Dennoch gibt es immer noch ein klares Nord-Süd-Gefälle – die Hamburger Kola wird von den Fischköppen noch immer häufiger getrunken.

Von 2006 bis Ende 2010 konnten wir für Nord- und Mitteldeutschland bei einer kleinen Brauerei im Westen Deutschlands produzieren. Es war ein etwas größerer Betrieb als der vorherige, mit einer hochmotivierten Belegschaft und einer fast antiken Anlage, aus der es zischte und dampfte. Aber am Ende kam eine sehr gute fritz-kola heraus. Etwa im Frühjahr 2010 kam die Brauerei auf uns zu und eröffnete uns, dass sie die Abfüllanlage schließen und im Nachbarort, auf dem Gelände einer geschlossenen Getränkeproduktion, eine neue Abfüllung aufbauen wolle. Dazu würden sie mit einem anderen Akteur der Getränkeindustrie ein neues Unternehmen gründen. Das klang erst mal gut für uns: neuer, besser, mehr Lagerplatz. Also hieß es: genügend Ware vorproduzieren, umziehen und los. Womit niemand rechnen konnte, war der folgende Sommer der Extreme: Zum Fußball WM-Jahr gesellte sich zunächst eine extreme Hitzewelle, dann folgte der regenreichste August seit Beginn der Wetteraufzeichnungen 1881. Für Getränkehersteller sind solche Schwankungen eine echte Herausforderung: Sie erschweren es, stets die richtigen Mengen vorzuhalten.

Nach dem Umzug aus der Brauerei in die neue Anlage entwickelten sich massive Probleme. Wir waren inzwischen ordentlich gewachsen. 2008 hatten wir erstmals einen Kredit bei einer Bank aufgenommen, um unsere neue 0,2 l-Flasche auf den Markt zu bringen. Wir hatten neue Büros und ein großes Lager in Hamburg gemietet und viele neue fritzen eingestellt. Wir standen also mit ordentlichen monatlichen Fixkosten da. Häufige Besuche in der Abfüllung, also ein „betreutes Abfüllen" bei Problemen, konnten wir nicht mehr leisten. Aber die Probleme und Engpässe häuften sich. Immer öfter konnten wir unsere Getränkehändler nicht bedienen oder mussten sie auf einige Tage später vertrösten. Mal waren in der Anlage die neuen Lagertanks aus Asien nicht in Ordnung, mal war irgendwas kaputtgegangen, die neue Anlagensteuerung funktionierte nicht; immer lief irgendwas nicht rund. Es stellte sich heraus, dass die Abfüllanlage aus gebrauchten und neuen Teilen zusammengestückelt worden war. Das ist zwar erst mal nicht verwerflich, kann aber die Fehleranfälligkeit erhöhen. Die vorige Anlage der Brauerei mag uralt gewesen sein – aber sie war einwandfrei gelaufen, und alle denkbaren Fehler waren quasi über Generationen ausgemerzt worden oder wenigstens bekannt. Nun, mit der neuen Anlage, standen wir immer häufiger mit leeren Flaschen da. Die Lieferausfälle wurden langsam dramatisch.

Hatten die Probleme womöglich mit den neuen Mitinhabern aus der Getränkeindustrie zu tun? Durch die sich häufenden Probleme im Abfüllbetrieb nahm dieser einen weiteren Gesellschafter hinzu. Dieser war über mehrere Ecken auch an unseren Wettbewerbern beteiligt. Ich kann heute nicht mehr sagen, woran die massiven Probleme wirklich lagen. Jedenfalls waren wir damals am Rande unserer Existenz und vielleicht habe ich auch nur Gespenster gesehen. Uns erreichten zu jener Zeit Berichte, dass andere alkoholfreie Getränke aus demselben Abfüllbetrieb stets in ausreichender Menge vorhanden waren und an Absatz zulegten. Was tun? Unsere Arbeitsbelastung war bereits am Limit, und eine juristische Auseinandersetzung würde uns auch nicht weiterhelfen, also brauchten wir schleunigst einen neuen Abfüllbetrieb. Zum Glück hatten wir unabhängig von diesen Querelen sowieso bereits einen neuen, weiteren Partner in Nordostdeutschland gefunden. – Wie das Leben so spielt, war der Betrieb nach der Wende für eine andere Cola gebaut worden, verlor diesen Kunden dann aber über Nacht – und nun standen wir vor der Tür. Daher kannten sich alle Leute vor Ort mit Cola und Limonaden aus und waren nicht nur hochmotiviert, sondern hatten auch eine eingespielte und funktionierende Abfüllanlage. Wir konnten 2010 nicht alle Aufträge bedienen und hatten gerade im Sommer viele Wochen mit leeren Lagern und enttäuschten Kunden. Einige Sorten konnten wir wochenlang nicht verkaufen. Aber unsere fritz-kola war dank des mecklenburgischen Betriebs in der Regel verfügbar. Die Situation beim Abfüller in Westdeutschland wurde aber immer schwieriger für uns, und die Ausfälle wurden immer größer. Hätten wir den Betrieb in Nord-Ost nicht gefunden, hätten uns die Umsatzausfälle vielleicht unsere Existenz gekostet. So kamen wir mit einem blauen Auge davon – und konnten unsere Abfüllung bei diesem Partner zu Ende 2010 auslaufen lassen. Wir bedankten uns und zogen mit unserer Karawane weiter.

Was ich aus dieser Krise gelernt habe? Zum einen sollte man als Unternehmer niemals blauäugig glauben, dass „neu" automatisch „besser" bedeutet. Egal, ob es um Software oder um Produktionsanlagen geht: Die Begeisterung von Ingenieuren oder Entwicklern ist das eine, die Realität das andere. Natürlich müssen Innovationen sein, und Kinderkrankheiten sind normal. Aber man sollte bei neuen Konstellationen immer mit dem Doppelten dessen rechnen, was einem an Zeit und Kosten genannt wird. Wenn es dann doch glatter läuft als gedacht – umso besser.

Die andere Lehre: Neue Geschäftspartner sollte man sich immer daraufhin anschauen, welches Interesse sie haben könnten und ob sie möglicherweise mit einem direkten Konkurrenten verbandelt sind. Das erspart einem böse Überraschungen. Dasselbe gilt, wenn sich die Inhaberstruktur ändert. Mit wem habe ich es jetzt zu tun und welche Interessen verfolgt er oder sie? Da wir auch heute, viele Jahre später, noch immer keine eigene Abfüllung haben, wird uns dieses Thema mit Sicherheit noch weiter verfolgen. Heute weiß ich, dass manche Wettbewerber gezielt das Netzwerk der Konkurrenz angreifen. Das können Abfüllbetriebe sein, alle Arten von Dienstleister und Lieferanten. Sie bieten lukrative Aufträge, wenn diese die Seiten wechseln. Aber nach einem halben Jahr ordern sie dann immer weniger und bestellen schließlich gar nichts mehr. Dann ist der Schaden angerichtet, und die Unternehmen können auch nicht ohne Weiteres zurück zum alten Kunden wechseln, denn dessen Vertrauen ist weg und oft hat er sich aufwendig Ersatz besorgt. Wenn sich zeigt, dass es sich um ein rein destruktives Störmanöver gehandelt hat, ist es meist schon zu spät. Harte Bandagen.

Seit Anfang 2011 arbeiten wir mit der in Niedersachsen beheimateten Auburg-Quelle zusammen, dem Unternehmen der Familie von Dirk Lütvogt. Dirk als Partner zu gewinnen, war gar nicht so einfach. Auf unserer Odyssee zu einem perfekten Abfüllnetzwerk für fritz-kola sprach ich auf einer Messe einen Mitarbeiter seines Mineralbrunnens an: Ob er mir nicht mal den Kontakt zu demjenigen herstellen könne, der bei ihnen für Lohnabfüllungen verantwortlich ist. Zwecklos, hieß es. Es gebe da bereits eine bestehende Partnerschaft mit einer anderen Cola. Etwas später suchte ich einen Abfüllbetrieb für sogenannte „KEGs“, also Fässer mit fertiger fritz-kola, für den Ausschank auf großen Festivals. Das war noch schwieriger, als einen Limonaden-Abfüller für Glasflaschen zu finden, aber Dirk hatte so eine Anlage. Also habe ich mein Glück versucht und Kontakt zu ihm direkt aufgenommen. Dabei stellte sich heraus, dass er gerade eine ganz neue Anlage für Glasmehrwegflaschen plante und noch Schlüsselkunden für diese Millionen-Investition suchte. Bingo! Wir konnten ja inzwischen ein stabiles Wachstum und gute Absatzzahlen über mehrere Jahre vorweisen, um als Partner für eine derartige Investition überhaupt infrage zu kommen. Nun war also jemand in der Getränkeindustrie bereit, für uns eine nagelneue Glasmehrweg-Abfüllanlage zu bauen. Fritz-kola endlich in höchster Qualität und immer verfügbar. Endlich! Es fühlte sich fantastisch an, dass erstmals noch jemand aus der Getränkeindustrie wirklich an uns glaubte und mit sehr viel Geld in Vorleistung ging – dieser Moment war tatsächlich ein Wendepunkt in der Entwicklung von fritz-kola.

Bereits am 19. Januar 2011 liefen die ersten fritz-kola-Flaschen vom Band – als erste Abfüllung überhaupt auf dieser erstklassigen und noch dazu nachhaltigen Abfüllanlage. Für mich war es so etwas wie eine Belohnung für die Arbeit unserer Mannschaft, all jener Frauen und Männer, die sich 24/7 um unsere Kunden in Gastronomie und Handel kümmern. So viele Jahre hatten wir geackert, um unsere Kola an die Leute zu bringen, hatten dafür häufig auf alten Anlagen produzieren lassen – und nun war es endlich mal eine Abfüllung beim Besten vom Besten. Noch im selben Jahr wurde die Anlage mit dem Mehrweginnovationspreis der Deutschen Umwelthilfe und der „Stiftung Initiative Mehrweg" ausgezeichnet. Nachdem er uns seit 2011 mit seinem Auburg-Brunnen begleitet hatte, war es nur folgerichtig, dass Dirk Lütvogt 2017 als neuer Mit-Gesellschafter ein bedeutender Teil der fritz-kola-Geschichte wurde.

Seit dieser ersten existenziellen Krise von fritz-kola im Jahre 2010 und der Sorge, ausreichend verkaufsfähige Ware im Lager zu haben, konnten wir unser dezentrales Netzwerk an lokalen Mehrwegabfüllbetrieben deutlich verbessern. 2021, im Erscheinungsjahr dieses Buches, arbeiten fünf über Mitteleuropa verteilte, inhabergeführte Betriebe daran, fritz-kola und Co. nachhaltig, in Mehrwegverpackungen, mit Ökostrom und mit modernen Anlagen zu produzieren. Als konzernunabhängige Kola-Marke stehen wir nun also auch quasi im Zentrum eines Netzwerks von unabhängigen Abfüllbetrieben.

Ich bin so dankbar dafür, dass sich so viele fritzen und Partner über die Jahre ins Zeug gelegt haben, um unsere Kola in die Flasche zu bekommen – weil sie an die beiden Studenten geglaubt haben.

das wissen der anderen

Bei Vorträgen zum Thema Gründen werde ich am häufigsten gefragt, wie und von wem man sich gut beraten lässt. Und es ist eine der wenigen Fragen, bei der ich nicht einfach frisch und fröhlich empfehle, unserem Beispiel beim Firmenstart zu folgen. Aus heutiger Sicht würde ich nämlich sagen, dass wir schon ein wenig naiv waren. Wir wollten damals einfach loslegen mit unserem Projekt und lernen, wie das Unternehmertum funktioniert. Und wir hatten überhaupt keine Lust auf die ewigen Bedenkenträger, Bremser und Skeptiker. Daher haben wir die ganzen ersten Jahre niemanden um Hilfe gebeten oder nach Beratung gefragt.

Heute, nach vielen Jahren der Selbstständigkeit, habe ich meine Meinung geändert. Es ist häufig einfach schlauer, andere nach ihrem Rat und ihrer Meinung zu fragen. Man muss dann eben aushalten, wenn jemand Bedenken hat, auch einem ausdrücklich von einem Vorhaben abrät. Letztlich kann man es ja immer noch so machen, wie man selbst es für richtig hält. Nur sind Entscheidungen nach Beratung mit anderen ausgereifter und besser hinterfragt.

Wir haben damals einen Weltkonzern herausgefordert – und uns davor weder juristischen (speziell: markenrechtlichen) noch wirtschaftlichen Rat geholt. Und wir haben, wie bereits erwähnt, am Anfang eine Gesellschaftsform gewählt, die uns im Falle eines wirtschaftlichen Fehlschlags voll persönlich hätte haften lassen. Wir haben damals nicht mal gewusst, dass wir von den 25 000 Euro Grundkapital für eine GmbH nur die Hälfte hätten einzahlen müssen, dass wir also gar nicht so weit weg waren, wie wir dachten. Wir haben einfach gedacht „Scheiß drauf" und losgelegt. Nach dem Motto: „Wir haben keine Ahnung, wir machen es trotzdem." Und auch: „Wir sind doch viel zu klein, um von deren Radar überhaupt erfasst zu werden." Das Ganze mit der Grundhaltung: „Wird schon gutgehen."

Das ist ja häufig auch eine gute Einstellung – besser jedenfalls, als zu lange zu zaudern und sich gegen alles absichern zu wollen. Man kann Dinge auch kaputtplanen. Und wir hatten ja anfangs auch noch keine Verantwortung für Angestellte oder auch Familien – dann wäre unser nassforsches Vorgehen wirklich fahrlässig gewesen. Generell ist es auf jeden Fall sinnvoll, sich vor dem Start komplexerer Unterfangen mit Regeln und Bestimmungen zu beschäftigen. Außerdem kann ich Gründern nur empfehlen, die existierenden, oft kostenlosen Beratungsangebote der Handelskammern oder auch Banken wahrzunehmen. In Berlin gibt es sogar ein städtisches Existenzgründer-Telefon, das vom Wirtschaftssenat gesponsert wird. Man kann auch einfach andere Gründer fragen. Es gibt reichlich, und man findet sie mit einer kurzen Internetrecherche. Überraschend viele sind bereit, einem auf eine kalte Kola zum Austausch zur Verfügung zu stehen oder Tipps zu geben.

Die meisten Fehler haben wir aber gar nicht in der Gründungsphase gemacht, weil wir das Thema „Beratung“ nicht auf dem Schirm hatten, sondern später. Und zwar bei klassischen Managementthemen. Hätten wir uns dafür Mentoren gesucht, also erfahrene Praktiker, dann wäre unser Verhalten in unserer Rolle als Führungskräfte, die Organisation des Unternehmens und der Betriebsabläufe wohl deutlich besser gelaufen. Wir haben uns eindeutig viel zu spät externe Beratung und Expertise reingeholt. Da haben wir uns wirklich gnadenlos überschätzt. Ich bin mir sicher, unsere folgenden Krisen hätten wir besser lösen oder gar vermeiden können, hätten wir uns externe Hilfe wie beispielsweise Mentoren oder Beiräte geholt.

Seit dem Gesellschafterwechsel bei uns 2016/2017 nutze ich die sich bietenden Gelegenheiten, mich mit anderen Unternehmern, Freigeistern oder Coaches auszutauschen. Hierzu gibt es am Rande von Unternehmertreffen oder Seminaren meist reichlich Gelegenheit. Häufig stelle ich dann fest, dass ich mit meinen Themen und Fragen in bester Gesellschaft bin und mögliche Lösungen von anderen schon ausprobiert wurden. Es ist wie so häufig: Reden hilft.

Was wir damals auch völlig ignoriert haben, waren irgendwelche Gesetze und Regularien, die uns eventuell betreffen könnten. Da haben wir uns – abgesehen von Gewerbeerlaubnis und Markenanmeldung – überhaupt nicht informiert, sondern die Haltung vertreten: „Wenn die was wollen, werden sie schon kommen." Da wir im Kern damals ein Handelsgewerbe betrieben haben, ging das gerade noch in Ordnung. Denn die stark regulierten Arbeitsschritte haben wir an die Produzenten, Lieferanten und Abfüller delegiert.

Man könnte meinen, dass die Strafe für unsere Ignoranz auf dem Fuße folgte. 2008 haben wir in unserem neuen, noch fast leeren Lager Tische und Stühle aufgebaut, um unseren vielen neuen fritzen unser Unternehmen vorzustellen. Plötzlich hörte man, dass jemand im Lastenfahrstuhl stand und mit dem Schlüssel an der Tür zu unserem Raum herumfummelte – und schwupps stand ein merkwürdiger Typ im Raum. Es war ein Kontrolleur vom Verbraucherschutz, und er benahm sich so triumphierend wie ein Zugbegleiter, der einen Schwarzfahrer ertappt hat. Er hatte einen anonymen Tipp bekommen, dass wir illegal Getränke herstellten, und sich ganz konspirativ beim Hausmeister einen Schlüssel besorgt, er wollte uns schließlich auf frischer Tat ertappen. Sein Stolz auf sein klandestines Vorgehen kippte dann aber schnell in Enttäuschung und betretenen Rückzug, als wir ihm erläuterten, dass wir die Getränke nur verkauften, aber nicht selbst mixten. Nachdem er sich davon überzeugt hatte, dass es in dem Raum tatsächlich kein verstecktes *Breaking-Bad*-Labor gab, zog er wieder von dannen.

Der übereifrige Mann war aber die einzige negative (na ja, eher lustige) Begegnung mit Behörden. Ansonsten haben wir die für die Wirtschaft zuständigen Ämter in Hamburg wie etwa das Finanzamt und die Bezirksämter immer als hilfsbereit und fördernd erlebt. Nach dem, was man aus anderen Ländern so hört, können wir in Deutschland echt froh sein über die Berechenbarkeit und die konstruktive Haltung der Behörden.

Übrigens berührt die lustige Episode mit dem Kontrolletti auch ein etwas ernsteres Thema. Unsere Story – zwei Studenten nehmen es einfach mal mit Coca-Cola auf – weckte bei vielen Menschen die Vorstellung, wir würden unsere Kola selbst zusammenmixen. Und am Anfang fanden wir den Running Gag, die ersten Flaschen seien direkt aus unserer zum Mixgefäß umfunktionierten Badewanne abgefüllt worden, selbst so lustig, dass wir die Geschichte auch bei ungläubigen Nachfragen nicht allzu energisch dementierten. Schließlich war es aus unserer Sicht nur ein Gag, den doch niemand ernst nehmen konnte.

Aber wir merkten bald, dass manche Leute dieses Bild nicht mehr aus dem Kopf bekamen – was keineswegs gut fürs Geschäft war. Denn natürlich wollten die Gastronomen vor allem sicher sein, dass es sich bei dem neu entdeckten

Getränk um ein professionell produziertes und garantiert hygienisch einwandfreies Produkt handelte. Angesichts des Schmutzniveaus in studentischen Badezimmern und der Vorstellung, dass die gleiche Wanne fürs Baden und fürs Kola machen verwendet wurde, war diese urbane Legende also keineswegs lustig und verkaufsfördernd, sondern einfach nur eklig. Deshalb war es auch so wichtig, dass unsere Mitarbeiter im Verkauf einen guten Eindruck machten. Wir haben immer gesagt: Jungs, ihr braucht saubere Autos und anständige Klamotten. Ihr müsst gepflegt bei den Kunden auftreten. Denn die müssen euch glauben, dass sie kein Gift ordern, sondern eine ordentliche Kola. Eine Kola, die man seinen Gästen gern anbietet.

Stichwort Auftreten: Auch ich selbst musste mir manchmal Gedanken darüber machen, was von einem Unternehmer eigentlich erwartet wurde. Konnte ich zu einem Banktermin in Jeans und schwarzem fritz-T-Shirt gehen? Da wir uns ja geschworen hatten, keine Schulden zu machen, stellte sich diese Frage erstmals 2007. Für eine wichtige Besprechung mit meinem Berater von der Hamburger Sparkasse entschied ich mich für ein Sakko, kam mir total verkleidet vor – und war danach sehr erleichtert, als er mir sagte: „Kommen Sie das nächste Mal bitte wieder im T-Shirt. Das ist okay."

Häufig werde ich auch nach Vorbildern gefragt, also nach Unternehmerpersönlichkeiten, die mich inspiriert haben. Da spielte Richard Branson lange eine große Rolle, der Gründer von Virgin Music. Für die jüngeren Leser: Branson war der Elon Musk des ausgehenden 20. Jahrhunderts. Er hat einfach und ohne viel Kapitalbedarf angefangen, mit dem Import von Schallplatten und später mit Plattenläden. Und allmählich ist daraus dann ein sehr gut diversifizierter Laden geworden, mit einer Fluggesellschaft und so weiter; der Erfolg des Geschäfts ruht auf mehreren Säulen statt nur auf einer. Mir gefiel die Story von Virgin, und Branson hat mich lange beeindruckt. Auch weil er eintrat für sozialen und gesellschaftlichen Fortschritt und für Klimaschutz (wobei dieses Engagement sich natürlich schon irgendwie beißt mit dem Betrieb einer Fluglinie …). Das andere und viel echtere Vorbild war mein Vater – einfach, weil er mir die Begeisterung für Selbstständigkeit und Unternehmertum vorgelebt hat. Eine Begeisterung, die Berge versetzt und vor allem die Möglichkeiten sieht statt der Hindernisse und Probleme.

willkommen im wach

Heute begegnet fritz mir oft gerade dann, wenn ich es am wenigsten vermute. So vor einiger Zeit im Sommer in einem kleinen Kiosk, der in einem abgelegenen Bergdorf auf Mallorca steht. Das oberste Ziel bleibt eben immer die Weltherrschaft.

jana hollenberg, ex-marketingleiterin

Viele denken bei Marketing an bunte Bilder und Plakate. Diese können ein Teil des Marketings sein. An dieser Stelle starte ich aber erst mal mit den vier P's des sogenannten Marketing-Mix, nämlich Product, Price, Place, Promotion. Welches Produkt verkaufe ich zu welchem Preis, an welchem Ort und mit welcher Kommunikation?

In unserem allerersten, einseitigen Plan für fritz-kola haben wir die Grundlage für unser Marketing gelegt: Wir verkaufen Kola, weniger süß im Geschmack, mit mehr Koffein, in Glasportionsflaschen (Product), an Cafés, Bars, Clubs, Restaurants … also alle Orte, an denen Menschen eine schöne Zeit verbringen (Place), überwiegend an Studenten. Beim Preis war von Anfang an klar, dass wir uns an den Wettbewerbern orientieren mussten. Mit unseren sehr knappen finanziellen Mitteln blieb uns für Promotion vor der Erfindung sozialer Medien nur die 1:1-Kommunikation, sprich: mit den Leuten reden. Noch besser: Die Leute reden über uns, auch wenn wir nicht dabeistehen.

Praktischerweise beinhaltete unser allererster Plan auch etwas, über dessen Bedeutung wir uns damals noch gar nicht im Klaren waren: **Purpose oder Warum braucht es fritz-kola? Als Studenten und Freunde wollten wir „unser Ding" machen, selbstständig sein, uns praktischerweise mit Koffein wachhalten.** Mit wachsendem Erfolg und zunehmender Bedeutung wurde uns dann klar, dass wir tatsächlich etwas bewirken können; also beispielsweise Glasmehrweg statt Plastikeinweg oder unsere Popularität nutzen und Haltung zu gesellschaftlich relevanten Themen zeigen. Später lernten wir, dass wir sogar Bauern überzeugen können, von konventionellem Rhabarberanbau auf Bio umzusteigen, wenn wir langfristige Abnahmevereinbarungen eingehen. So richtig bewusst wurde uns unser Purpose erst durch unsere Fans. Wir lernten die Zuschreibungen in den Rückmeldungen, Umfragen und Gesprächen. Menschen fingen an, sich bei uns zu bewerben, weil sie unseren Purpose oder Bestimmung, unsere Haltung, teilten.

Wann kommen denn nun die Kampagnen mit Bildern und Krach? In den ersten Jahren hatten wir weder Geld noch Zeit noch Nerven für all das. Was wir wirklich gemacht haben, war, unzähligen Menschen von unserer Kola zu erzählen und ihnen eine Flasche zum Probieren zu geben.

Irgendwann kam auch mal die Legende auf, Lorenz und ich hätten am Anfang eine Art Guerilla-Marketing betrieben: einfach mal zwei Kisten fritz-kola in einen Fahrstuhl des Uni-Gebäudes oder des Studentenwohnheims gestellt und gehofft, dass einige der erfreuten Nulltarif-Konsumenten sich an die Marke erinnern und danach Ausschau halten und fragen würden. Das haben wir nie gemacht – aber es ist eine schöne Geschichte. Eine Tatsache ist, dass wir Freunde baten, beim Ausgehen nach fritz-kola zu fragen und uns so zu helfen, eine Nachfrage zu schaffen. Gerade in unseren kleinen Hamburger Kiezen erwies sich das als wirklich hilfreich.

marketing & aktivismus

Eine erste Möglichkeit, unsere Kola bekannter zu machen und Gutes zu tun, war der G-8-Gipfel in Heiligendamm 2007. Wir durften zwei Camps von Aktivistinnen und Aktivisten mit Gratis-fritz-kola ausstatten. Das war noch nicht viel, entsprach aber unserer Leistungsfähigkeit zu der Zeit. Den Einsatz gegen den Klimawandel und für den Schutz von Menschenrechten teilten wir auch schon in unserer frühen Phase, auch wenn wir als „Garagen-Kola" noch keinen Einfluss auf irgendetwas hatten.

Erst Jahre später, zum G-20-Gipfel in Hamburg 2017, konnten wir uns intensiver mit gesellschaftlichen Themen beschäftigen und die kritischen Hamburger unterstützen. Der praktische Support bestand in Gratis-Getränkelieferungen für diverse Protestveranstaltungen wie zum Beispiel den Umzug „1000 Gestalten", bei dem eine grau in grau gekleidete Menge durch die Innenstadt zog. Auch beim „Kochen in der Millerntorgallery", der Demo auf dem Heiliggeistfeld und der „Get-up-stand-up-Aktion" auf dem Spielbudenplatz waren wir präsent mit Gratis-Kola, ebenso im Medienzent-

rum, in den Protestcamps und auf der Abschlusskundgebung. Auch am Sponsoring des „Festivals der Demokratie“ haben wir uns beteiligt.

Die größte Aufmerksamkeit haben wir sicherlich mit unseren „mensch, wach auf!“-Plakaten erreicht. Die Motive wurden von der Agentur Blood entworfen, mit dem Künstler Sutosuto aus Hamburg umgesetzt und deutschlandweit plakatiert. Wir ließen schlafende Spitzenpolitiker zeichnen, aber bewusst nicht abwertend, verhöhnend oder karikaturenhaft. Die Botschaft war, dass Schlafen, also Nichtstun, angesichts einer Vielzahl globaler Probleme keine Option sein kann. Schlafen passt auch gut zu einer Kola mit vielviel Koffein, also dem Aufwecken.

Dass wir mit den Plakaten Diskussionen auslösen wollten, ist uns wohl gut gelungen. Immerhin werden wir bis heute

auf unser damaliges Engagement angesprochen. Aufmerksamkeit ist eine Währung, mit der wir bei fritz-kola gut umgehen können. Aber Aufmerksamkeit hat auch ihre Schattenseiten, die wir dann aushalten müssen. Wegen der Darstellung des schlafenden türkischen Ministerpräsidenten Erdoğan ernteten wir damals einen ordentlichen Shitstorm in den sozialen Medien, per E-Mail und Telefon. Zahlreiche Kioskbesitzer und Supermarktbetreiber listeten unsere Kola und unsere Limonaden über Wochen aus, weil sie die Darstellung als ungehörige Kritik empfanden und nicht akzeptieren wollten. Wir mussten die Umsatzeinbußen aushalten und sensibel mit den Anfeindungen umgehen. So räumten wir aus Sorge in diesen Tagen früher das Büro und arbeiteten von zu Hause weiter, wenn es ging.

Ein Thema war damals auch die – von manchen geschätzte, von anderen kritisierte – Symbiose von gesellschaftlichem Engagement und Geschäft. Uns ist klar, dass das Werbeplakat „Nur Wasserwerfer machen wacher“, das wir mal im Leuchtkasten an der Susannenstraße Ecke Schulterblatt aufgehängt haben, also direkt gegenüber der Roten Flora, nicht bei allen gut ankam. Man braucht wohl einen gewissen Humor, um diese Verbindung von politischen und kommerziellen Interessen als anregend zu empfinden. Ich sehe selbst, dass es ambivalent ist – denn wir wollen ja nicht ernsthaft behaupten, dass das Konsumieren eines Erfrischungsgetränks ein politisch-subversiver Akt sei. Und ein wenig spielen solche Motive natürlich mit diesem Gedanken, changieren zwischen Ernst und Provokation. Aber nicht selten hat der Konsum von fritz-kola tatsächlich mit einer Haltung zu tun. Die Entscheidung, dass man sie trinkt – oder eben bewusst niemals trinken würde – hat oft auch einen politischen Aspekt. Sie geht mit einem grundsätzlich weltoffenen und konsumbewussten Mindset einher.

Der Leuchtkasten mit dem Wasserwerfer-Plakat wurde übrigens vor einigen Jahren abgenommen. Das hatte auch etwas mit Politik zu tun – aber anders, als man denken könnte. Dem Gemüsehändler, über dessen Laden das Schild hing, wurde damals gekündigt. Seither lässt der Hauseigentümer den Laden leer stehen – schon viele Jahre. Genauso wie ein komplett neues Haus gegenüber, ein Nachbau der vorigen Jahrhundertwende. Warum diese Flächen leer stehen, weiß niemand. Sie sind aber ein Sinnbild für verantwortungslosen Umgang mit Eigentum in einer Stadt mit zu wenig Wohn- und Gewerbeflächen.

So sehr fritz heute für seine Werbung bekannt ist, so unbedarft waren wir am Anfang. Erstmals in Berührung mit dem Thema kamen wir, als einer unserer allerersten Kunden nachbestellte – und mich bei der Gelegenheit nach einem Aufsteller fragte. Ich glotzte ihn an wie ein Auto – ich hatte keine Ahnung, wovon er sprach. „Ein Display“, sagte er und versuchte so, mir aus der Verlegenheit zu helfen. Irgendwann begriff ich, was er meinte: Irgendwas zum Hinstellen und Präsentieren der fritz-kola-Flaschen, das unseren Namen und unser Logo zeigte. Bis dahin waren wir davon ausgegangen, dass es völlig genügt, wenn die Wirte die Flaschen einfach so auf den Tresen oder sonst wohin stellen. Wir hatten uns keinerlei Gedanken darüber gemacht, wie die fritz-kola in den Bars präsentiert werden sollte. Aber wir begriffen schnell, dass die Gäste auch ohne Blick in die Speisekarte sehen sollten, dass es in diesem Lokal fritz-kola gab und sie eine bestellen könnten. Dass es also gut gewesen wäre, sich über Verkaufshilfen wie Aufsteller, Aufkleber und Flyer Gedanken zu machen. Tipp für Einsteiger, deren Produkt irgendwo verkauft werden soll, wo man nicht selbst den ganzen Tag danebensteht: **Man sollte von Anfang an Werbe- und Präsentationsmittel haben, die die Konsumenten darüber informieren, dass es das Produkt hier zu kaufen gibt,** die sie an die Marke erinnern und ihnen Lust darauf machen.

Aufgeschreckt durch die Frage des Kunden, besorgten wir uns in einem Schreibwarenladen knallgelbe Pappe und bastelten daraus ein Display. Es bot Platz für zwei Flaschen und sah völlig schrottig aus, erfüllte aber seinen Zweck und kurbelte den Absatz an. Außerdem gestalteten wir fritz-Aufkleber und ließen sie drucken. Die lieferten wir ab jetzt mit den

Kisten mit; man konnte sie aber auch als Privatperson online bestellen. Und es gab Fans, die das tatsächlich taten, gegen Geld. Die mochten uns wirklich. Ich bin auch mal zu IKEA gefahren, um Spiegel, kleine Glasvitrinen und andere Gegenstände zu kaufen. Die haben Lorenz und ich dann in Heimarbeit mit fritz-kola bemalt, beklebt, irgendwie für unsere Werbung nutzbar gemacht.

Diese günstigen ersten Werbemaßnahmen für den „Point-Of-Sale“ (oder auch „Punkt der Wahrheit“), also für den Tresen, waren der Beginn der Werbematerialien für unsere Gastronomen. Wir bauten diesen Bereich so zügig aus, dass manche fanden, es gebe geradezu einen Overkill an fritz-kola-Branding in der Gastro. Schon ein halbes Jahr nach dem Start hatten wir ausreichend Kapital, um Gastwirte mit einem fritz-kola-Kühlschrank auszustatten. Wir kauften gebrauchte und günstige neue Kühlschränke, malten oder beklebten sie schwarz, machten das Logo drauf und dann ging es raus zu unseren Kunden. Häufig half uns Norman, unser Kollege aus dem Lager, Kühlschränke oder Kreidetafeln zu bemalen, zu bekleben oder zu bauen. Gerrit Lerch sagt dazu: „Man konnte dem Konterfei der zwei Burschen zeitweise nirgends mehr entkommen.“

hauptsache aufmerksamkeit

Ganz allmählich begannen wir dann, auch das Thema Anzeigen- und Plakatwerbung in den Fokus zu nehmen. Die Werbeagentur Feuer auf St. Pauli (später RedRabbit) schenkte uns 2003 oder 2004 unser erstes Werbemotiv. Es handelte sich um einen „Case" – damit zeigen Agenturen, was sie neben normaler Werbung noch so Spannendes können. Auf dem Motiv trinkt ein roter Kussmund mit einem Strohhalm aus einer fritz-kola, ins Bild gehalten von einer Hand. Eine zweite Hand hält eine rot-weiße fritz-kola (es war tatsächlich eine fritz-kola, nur in den Farben einer anderen, recht bekannten Cola-Marke) ins Bild und schüttet diese aus. Zwischen den beiden Händen der Spruch „trink lieber fritz!". Dieses Motiv ließen wir als Poster produzieren und gaben es unseren Gastro-Kunden als Wanddeko. Obwohl wir gar nicht so viele druckten, fand das Plakat seinen Weg zu Coca-Cola. Auch wenn deren Flasche nicht abgebildet war, machten die Farben natürlich klar, wen wir meinten. Wir bekamen also Post von Coca-Cola Berlin, dem deutschen Hauptquartier. Das Schreiben ist leider nicht mehr auffindbar, aber es kam vom Chef-Justiziar und war sehr freundlich gehalten. Wir wurden willkommen geheißen im deutschen Getränkemarkt, unsere Werbung wurde gesehen und beachtet, aber nun sollten wir doch bitte schriftlich versprechen, dieses Motiv in Zukunft nicht mehr einzusetzen. Das haben wir dann auch gemacht. Und waren schon etwas stolz darauf, dass die größte Cola der Welt uns Kola-Zwergen einen Brief schrieb. Wir haben dann von den noch vorhandenen Postern den betreffenden Rand des Anstoßes abgeschnitten oder einen Störer über die rot-weiße Cola geklebt (siehe Bildteil) und die Bestände aufgebraucht. Nachhaltigkeit war Trumpf.

Was bewog eine Agentur, uns ein Motiv zu schenken? Offenbar war das Gesamtpaket von fritz attraktiv für die Werbeleute: Zwei Studenten treten mit einem neuen Produkt wagemutig und frech gegen den Goliath Coca-Cola an; die Zielgruppe sind Studenten und Szenelokale; es gibt einen gelungenen Markenauftritt mit einem Logo, das unsere Gründungsgeschichte erzählt. Dazu kam eine wachsende Sympathie für das Phänomen „Start-up“ sowie eine allgemeine Rückbesinnung auf lokale und regionale statt auf globale Marken.

Die Agentur entwarf dann unter anderem das legendäre Plakat, das ein nacktes Paar beim Sex zeigte – aber der Kopf des Mannes war durch einen Pferdekopf ersetzt. Der Text dazu lautete: „für lange Nächte. fritz-kola. vielviel Koffein.“

Obwohl wir für dieses Motiv damals deutschlandweit Gratis-Anzeigenplätze in Stadt- und Szenemagazinen bekamen, weil die Redaktionen es so geil fanden, kam es nicht bei allen gut an. Und heute bekämen wir dafür wohl gleich mehrere Shitstorms ab. Wegen Sexismus zum Beispiel. Und weil ein Heteropaar gezeigt wird. Tierschützer meldeten sich sogar damals schon, wegen irgendwas mit Pferd. Ich finde es gut, dass es heute eine größere Sensibilität für stereotypes und diskriminierendes Denken sowie die Rechte und Belange von Schwächeren und Minderheiten gibt. Auf die veränderten Empfindlichkeiten muss und soll Werbung sich heute in jedem Fall einstellen. Das ist gerade für Marken wie fritz, die gerne mit Humor präsentiert werden, nicht immer leicht, weil Humor eben mitunter durch Abgrenzung von einer Gruppe funktioniert. Es ist eine Herausforderung, der wir uns aber gerne stellen. Viele Motive, die wir Anfang des Jahrtausends selbst noch lustig fanden, würden heute schon in einer frühen Phase bei uns durchfallen, und zwar zu Recht. Andere Kampagnen, die bestimmte Gruppen wie etwa Waldorfschüler (siehe Bildteil) und Ökos humoristisch aufs Korn nehmen, scheinen weiterhin akzeptiert zu werden.

Auf jeden Fall gehören auch Motive, die wir heute nicht mehr verwenden würden, zur Geschichte von fritz – und also auch in dieses Buch. Würde man allein aus politischer Korrektheit so tun, als hätte es aus heutiger Sicht inakzeptable oder auch nur unangenehme Dinge nie gegeben, fände ich das als historisch interessierter Mensch eher dumm und geschichtsklitternd. Insgesamt ist mein Eindruck, dass es heute wesentlich leichter geworden ist, mit pointierter Werbung zu provozieren und Aufmerksamkeit zu bekommen.

In den ersten Jahren unserer Firma war das Marketing dem Vertrieb zugeordnet; es gab keine eigene Abteilung. Dennoch weiteten wir unsere Werbeaktivitäten aus, etwa durch Radio- und Kinospots. Zusammen mit der Agentur RedRabbit arbeiteten wir viele Jahre an der Wiedererkennbarkeit und Unverwechselbarkeit unserer Marke in der Szene. Eine wichtige Rolle spielten später auch die Agenturen Rocket & Wink sowie Blood.

Als der bereits zu Wort gekommene Patrick Keller 2008 als Marketing-Praktikant zu fritz kam, musste er sich nach der dreimonatigen Einarbeitung erst einmal als Außendienstler „bewähren“, sprich: Erfahrungen sammeln. Wir stellten ihm ein Auto hin und übergaben ihm einige Kunden, die bis dahin Lorenz und ich betreut hatten, zum Beispiel das ganze Gebiet Bremen und drumrum. Unser Deal mit Patrick hieß: Du machst eine Weile Außendienst, danach kannst du das Marketing machen. Denn wir waren davon überzeugt: Man kann erst ein guter Werbemensch sein, wenn man wusste, was draußen beim Kunden los ist. Ich denke bis heute, dass da was dran ist – besonders, weil sich damals noch ein größerer Anteil unserer Werbung an die Gastronomen richtete; heute zielen wir auch auf den Lebensmitteleinzelhandel, das sogenannte Impulsgeschäft (Kioske/Spätis und Tankstellen) sowie auf Endkunden, also die Verbraucher.

Nach seiner Zeit als Außendienstler koordinierte Patrick zusammen mit anderen Praktikanten die Promo-Aktionen, das Sponsoring zum Beispiel von Kino-, Musik und Surf-Festivals sowie das Marketing. Er erzählt gern augenzwinkernd, dass es damals an Marketing vor allem die von Norman selbst gebauten Straßenaufsteller und Poster mit dem legendären Spruch „koksen ist achtziger“ gab. Das Plakat mit diesem Spruch wurde vor allem in Berlin sehr gerne aus den Kneipen und von den wilden Plakatflächen auf Bauzäunen geklaut.

Er etablierte außerdem unsere hauseigene Grafikabteilung. Die Vertriebler nannten das Marketing-Team gerne liebevoll spöttisch „die Buntstifte“, weil da immer so gute Stimmung war und weil sie sich statt mit schnöden Umsatz-Excel-Listen mit bunten Bildchen beschäftigten. Ein weiterer Schwerpunkt dieser Jahre war das *Event*-Marketing, also die Präsenz von fritz-kola-Kühltransportern und Containerbars bei Festivals und ähnlichen Anlässen.

Hauptsächlich werben wir aber direkt bei unseren umsatzstärksten Kunden, also den Gastwirten und Lebensmittelhändlern, und unterstützen den Verkauf vor Ort. Dabei arbeiten wir in jeder Stadt und Region mit eigenen Kampagnen. Wir schneiden diese häufig sehr individuell auf die Standorte zu und arbeiten mit Anspielungen, die nur dort Sinn ergeben und möglichst auch noch witzig sind. Hier beispielhaft einige solcher Motive aus München:

markenpflege à la fritz

Unser Marketing entwickelte sich damals extrem erfolgreich – wir rannten überall offene Türen ein. Und Patrick übernahm die Leitung der neu geschaffenen Abteilung „Markenpflege". Als er uns 2012 verließ, war seine Nachfolgerin zum Glück bereits im Unternehmen: Jana Hollenberg hatte im September 2011 bei uns im Vertriebsinnendienst angefangen. Sie war damals 25 und hatte ein frisches Diplom in Marketing- und Kommunikation in der Tasche. Die ausgeschriebene Stelle in unserem Vertrieb passte nicht direkt zu ihrem Studium, aber im Bewerbungsgespräch machte sie uns klar, dass ihr jeder Job recht war, um bei einer so spannenden Marke einen Fuß in die Tür zu bekommen. Als Ansprechpartnerin für die Außendienstmannschaft in der Region Süd-West bestellte sie dann fleißig fritz-Kühlschränke und Leuchtreklamen für die Gastronomie, organisierte Messen und Vertriebstreffen. Als dann Patrick kündigte, zögerte sie zu unserer Freude keine Sekunde, die ihr angebotene Leitungsposition zu übernehmen. Beiden Seiten war klar, dass das ein Wagnis war. Eine 26-Jährige, die erst seit einem Jahr im Job war und im Marketing keinerlei Praxiserfahrung hatte, sollte die Verantwortung für unseren Markenauftritt und die Kommunikation der Marke sowie für ein kleines Team übernehmen. Aber wenn man sich neue Impulse wünscht, muss man als Unternehmer auch mal mutig sein und Wagnisse eingehen –wenn es klappt, wird man oft reich belohnt. Wir hatten das Zutrauen, weil Jana perfekt ins fritz-Team und zu unserem „Wir-Gefühl" passte. Das wäre bei einem „fertigen Profi" von außen nicht sicher gewesen. Später, als wir größer und auch schon eingefahrener waren in unseren „Wir-gegen-die Welt"-Routinen, hätten wir möglicherweise genau umgekehrt gedacht: Wir brauchen dringend frischen Wind von außen – und wenn die Person nicht genauso tickt wie die alteingesessenen fritzen, ist das vielleicht sogar gut. Manchmal muss so eine verschworene Truppe auch mal aufgemischt und irritiert werden.

Jana erzählt von ihren ersten Schritten:

Als ich loslegte, hatten die beiden Gründer und mein Vorgänger Patrick Keller schon die ersten Hürden genommen und der Marke bereits einen Namen verschafft. An deren Potenzial habe ich nie eine Sekunde gezweifelt; schon als Studentin war ich Feuer und Flamme gewesen für die Underdog-Marke aus Hamburg. Die Geduld, der Mut und das nahezu immer gute Bauchgefühl von

Mirco und Lorenz haben sich bewährt – auch bei vielen weiteren Projekten und Aktionen während meiner fritz-Zeit. Nie vergessen werde ich die erste nationale Plakat-Kampagne im Jahr 2013 mit dem Kronkorken-Motiv „müde? – wach!" vom Kreativ-Duo Rocket & Wink.

Mit der Kampagne konnte die Marke bzw. die Agentur in kurzer Zeit verschiedene Kreativ-Preise abräumen, darunter den renommierten Best-18/1-Award und den Preis des ADC (Art Directors Club). Hach, was waren wir damals stolz!

Toll war auch die Taufe des ersten fritz-kola-Linien-Busses. Dazu machten wir mit dem „Buntstifte"-Team einen Ausflug auf den Betriebshof der Hamburger Verkehrsbetriebe und durften die erste Fahrt im schwarz-weißen Koffein-Transporter begleiten.

Zu meiner Zeit war Lorenz als Geschäftsführer für das Marketing und unser Team verantwortlich. Aus einem Gespräch mit dem Hamburger Kunstverein entstand dann kurzfristig die Möglichkeit, die aufmerksamkeitsstarke Riesenposter-Fläche an der Außenfassade des Vereins in bester Lage für ein fritz-Motiv zu nutzen. Das hat sich Lorenz nicht zweimal sagen lassen! Schnell musste ein passendes Motiv für die übergroße Fläche her. Ein kleines fritz-Einhorn – entworfen vom Kreativ-Duo Rocket & Wink –, das ursprünglich mal nur als T-Shirt-Motiv gedacht war, wurde kurzerhand in Übergröße produziert und schlussendlich zum Liebhaber-Motiv der fritz-Fans. T-Shirt, Sticker und Kuscheltier folgten. Die Fläche wird noch heute durch wechselnde fritz-

Motive bespielt, und ich freue mich jedes Mal, einen Blick darauf zu werfen, wenn ich mit dem Zug in Hamburg einfahre. Immer noch ein genialer Deal!

fritz-kola wird wahrscheinlich immer die prägendste Zeit in meiner beruflichen Laufbahn bleiben – mit vielen Hochs und Tiefs, mit unbezahlbaren Erfahrungen, mit zahlreichen Yeahs, aber auch schlaflosen Nächten. Und ich habe bei fritz enge Freundschaften geschlossen, die mich bis heute mit der Marke verbinden.

Dass wir eine eigene Abteilung „Markenpflege" geschaffen haben, war zwingend und folgerichtig. Selbstverständlich arbeiten wir bis heute gerne und sehr erfolgreich mit Agenturen zusammen. Aber man darf die Arbeit an der Identität seiner eigenen Marke auf keinen Fall vollständig delegieren und auslagern. Es muss immer Leute im Haus geben, die eigene Ideen entwickeln, die Zusammenarbeit mit den Agenturen koordinieren und vor allem sicherstellen, dass sich das Image der Marke nicht abkoppelt von der Entwicklung des Markts und des Unternehmens. Und das kann man nur beurteilen, wenn man selbst im Haus sitzt und im ständigen Kontakt mit den Kunden ist.

Immer wieder haben unsere Kampagnen Aufsehen erregt – und uns selbst neben schönen Umsatzzuwächsen auch sehr viel Spaß bereitet. Im Kern drehen sich unsere Kampag-

nen fast immer um das Thema „wach“, heben also auf den Koffeingehalt unserer Kola ab. Beispiele sind „Hauptsache wach“ und „Willkommen im wach“, die es beide in vielfachen Motiv-Varianten gibt.

Den Koffeingehalt haben wir von Anfang an als *das* Unterscheidungsmerkmal unseres Produkts betrachtet – und die Probierparty im Studentenwohnheim, die bis morgens um zehn ging, hat uns darin bestätigt. „Wach“ bedeutet nach unserem Verständnis allerdings auch „geistesgegenwärtig“. Da kommen unser gesellschaftliches Engagement und Wachheit unserer Zielgruppen ins Spiel. „Den Wachen gehört die Welt“ – dieses Credo von fritz steht seit Ende 2019 auf dem Boden unserer neuen fritz-kola-Gastroflasche. Wach sein heißt: aufmerksam sein, Verantwortung übernehmen, Haltung zeigen und Verhältnisse kritisch hinterfragen und nicht als „gegeben" hinnehmen.

Ein in Hamburg viel beachtetes Ereignis war „das Ungeheuer": ein riesiger Kola-Krake, der auf der Elbe schwamm. Im Herbst 2014 gelang es uns, die gigantisch lange Außenwand des Dock 11 von Blohm & Voss zu buchen. Für Ortsunkundige: Das Dock liegt mitten im Hafen, praktisch direkt gegenüber von den Landungsbrücken und ist vielleicht die schönste und prominenteste Werbefläche der Stadt. Weil der Blick darauf immer frei ist, wie bei allen Objekten, die man über eine Wasserfläche hinweg betrachtet. Diesen Ort wollten wir als Hamburger Unternehmen unbedingt einmal bespielen – und 2014 bekamen wir die Chance, dort auf 1700 Quadratmetern Fläche unser Motiv anzubringen. Für sauviel Geld übrigens.

Anlässlich der Präsentation des „Ungeheuers" unternahmen wir eine Barkassenfahrt mit der ganzen Belegschaft, damit unsere Leute einen Logenplatz direkt unter dem Riesenmotiv hatten. Viele staunten ungläubig – sowohl über die schiere Größe des Plakats als auch darüber, dass so etwas für unsere „kleine" Kola aus Hamburg möglich war. Denn so fühlten wir uns noch immer: als der Kleine, der bei den Großen mitmischt. Wir haben damals für das Plakat den Künstler Robert Matzke alias Rookie von The Weird engagiert. Aus der Folie haben wir später übrigens Taschen herstellen lassen.

Im Nachhinein denke ich, dass wir damals eine Chance verschenkt haben. Wir hatten nämlich lange darüber diskutiert, wie provokant unser Motiv sein sollte. Heute ärgere ich mich, dass ich mich damals für die weniger aggressive Variante eingesetzt habe anstatt für eine, die unseren rot-weißen Begleiter aufs Korn genommen hätte. Im Ergebnis haben wir viel Geld für wenig Wirkung versenkt – auch wenn die fritzen die ganze Aktion in sehr positiver Erinnerung haben. Es ist gar nicht so selten, dass aufwendige Werbekampagnen oder Imagefilme eher nach innen wirken, der Effekt nach außen aber weitgehend verpufft. Um keinen falschen Fokus zu wählen, braucht man immer Leute, die den Blick von außen einbringen und die oft komplizierten Gedanken, die man sich intern macht, notfalls vom Tisch wischen. Denn entscheidend ist, was die Adressaten draußen wahrnehmen – und nicht die Leitung des Unternehmens selbst.

Hohe Aufmerksamkeit schufen auch die als fritz-Botschafter herumfahrenden Hamburger Linienbusse. Die bis zu sieben gebrandeten und durch die Hansestadt kurvenden schwarzen „Ungetüme" waren eine extrem auffällige Werbung für unsere Produkte „limo", „spritz" und „mischmasch". Später fokussierten wir uns auf fritz-kola und reduzierten nach und nach die Anzahl der Busse. 2020 war es

noch ein großer schwarzer fritz-kola-Bus, der überall im Stadtgebiet eingesetzt wird.

Diese Werbemaßnahme war und ist verhältnismäßig günstig – allerdings ist immer unklar, ob sie wirklich wirkt, also einen Wert schafft. Und das ist aus meiner Sicht zwingend: Werbung muss entweder ein Mehr an Absatz und Umsatz oder eine gestiegene Bekanntheit oder Popularität schaffen.

Ich werde manchmal gefragt, ob fritz-kola „Kult" sei. Ich kann mit diesem Begriff nichts anfangen. „Kult", „Szene", „Trend" – dieser ganze Quatsch steht bei uns auf dem Index. Weil das schlicht Blödsinn ist. Etwas anderes ist es, wenn Fans, Kunden oder Verbraucher einem solche Label anheften, dann kann es eine Auszeichnung sein. Aber Unternehmen sollten solche Worthülsen nicht verwenden. Man sagt doch nicht: „Wir machen jetzt Kult.“ Man kann gute Sachen machen. Eine gute Limonade mit gutem Design. Man macht es, weil man es gut findet. Dann können meinetwegen andere kommen und sagen: finde ich kultig. Aber wir benutzen solche Begriffe nicht aktiv.

Lange haben wir bei fritz im Scherz gesagt, dass wir die „Weltherrschaft“ anstreben. Es war für uns anfangs völlig unvorstellbar, dass außerhalb unseres direkten Wirkungskreises, also eines Umkreises von vielleicht dreihundert oder vierhundert Kilometern, jemand fritz-kola würde trinken wollen. Unser Aktionsradius und Vorstellungshorizont waren begrenzt durch die Entfernung, die wir mit unseren gebrauchten Autos schaffen konnten. Vor allem mein klappriger alter VW-Bulli schaffte keine langen Entfernungen; daher übernahm ich Nord- und Ostdeutschland und Lorenz mit seinem gut erhaltenen Golf Süd- und Westdeutschland. Bald jedoch erhielten wir Anfragen aus Amsterdam, Barcelona, Kopenhagen, Wien, Warschau und anderen Orten in Europa und darüber hinaus. Langsam wurde uns die Bedeutung als alternative Kola-Marke bewusst. Warum sollten wir also nicht auch außerhalb der Reichweite unserer fahrbaren Untersätze Bars, Cafés und Clubs bedienen? Eine echte Indie-Kola mit vielviel Koffein, nachhaltig in Glasmehrweg, kann auch überall sonst aufwecken.

Also begannen wir, unser Netzwerk in europäischen Städten zu vergrößern. Auf unseren Reisen fiel mir irgendwann auf, wie stark sich die Getränkewelt von Sprachregion zu Sprachregion verändert und dass nur wenige Marken in ganz Europa oder größeren Teilen davon anzutreffen sind. Anfangs war mir gar nicht klar, woran das liegen mochte. Nach vielen Gesprächen verstand ich, dass viele von uns Europäern zwar gerne kreuz und quer über den Kontinent reisen, aber im Alltag dennoch meistens nur bis zur nationalen Grenze denken und arbeiten. Umso mehr gefällt mir, dass wir es in den letzten Jahren hinbekommen haben, ein echtes europäisches Netzwerk für eine immer europäischere fritz-kola zu knüpfen. Schließlich verstehen sich viele als Europäer und als Angehörige ihrer Nation. Heute können wir in vielen Metropolen des Kontinents Menschen die Nächte verlängern, ihnen mit Koffein einen Push geben oder kühlen Genuss begleitend zur Paella oder Pizza anbieten.

Es ist immer noch aufregend zu sehen, wie fritz-kola sich ihren Weg durch die Welt bahnt. Irgendwo sieht ein Gastronom oder eine Gastronomin eine unserer Flaschen – vielleicht analog, vielleicht aber auch digital, auf einer der unzähligen Plattformen. Und dann nimmt er oder sie Kontakt zu uns auf. Häufig kommen diese Anfragen von Bars, Cafés, Brasserien oder Nachtlocations aus den eher liberalen und alternativen Quartieren großer Städte. Manchmal sind es auch Strandlokale, die bewusst von Einweg- auf Mehrweg-

Getränke umstellen wollen. Oder Kulturhäuser auf der Suche nach Produkten abseits von Big Corporate. Mitunter sind es aber auch Leute, die auf dem platten Land, abseits des Trubels, ein Lokal eröffnen oder übernehmen und sich Gedanken über ihr Angebot machen. Manche von denen, die uns entdecken, stiften ihren Getränkehändler dazu an, uns zu listen.

Wir helfen dann, eine zuverlässige Belieferung zu organisieren und eröffnen so einer Vielzahl von Menschen einen ersten Kontakt zu fritz-kola. Das klingt erst mal einfach und fast romantisch. Es ist total analog und vielleicht etwas antiquiert. Aber so lief und läuft es häufig – und es hilft nicht nur unserem Umsatz, sondern auch vielen Menschen dabei, ihr Auskommen zu finden.

Aus meiner Erfahrung rate ich anderen Gründern: Macht Eure Arbeit bei den Kunden, die Ihr habt, richtig gut! Steckt da Zeit und Sorgfalt und Leidenschaft rein! Sorgt dafür, dass sie sich auf und über die Arbeit mit Euch freuen und anderen gerne davon erzählen. Gute Arbeit führt zu guten Referenzen, und die bringen neue Kunden. Besinnt Euch auf das, was Euch positiv von anderen unterscheidet. Neben Eurem Produkt kann und sollte das auch Euer Service und Euer Charme sein.

wer ist david, wer ist goliath?

Insbesondere ab der Einführung der 0,2-Liter-Flasche 2005 begann Coca-Cola uns ernst zu nehmen.

mirco wolf wiegert

Selbstverständlich bewegen wir uns mit fritz-kola nicht im luftleeren Raum. Als wir damals loslegten, waren die Marktbedingungen recht komfortabel: ein etwas unaufmerksamer Monopolist und eine geradezu armselige Angebotssituation, was Kola und Limonade betraf. Beides hat sich inzwischen grundlegend geändert. Der Markt für alkoholfreie Getränke ist mittlerweile bunt und lebendig. Heute kommen jedes Jahr unzählige neue Limonaden und andere Erfrischungsgetränke auf den Markt. Nur ein Bruchteil davon wird sich dauerhaft als eigenständige Marke etablieren und halten können. Während es früher genügte, ein leckeres Getränk irgendwie in eine Flasche zu bekommen, sind die Anforderungen an Neueinsteiger heute um ein Vielfaches höher. Heute braucht es von Tag eins an:

- ein schlüssiges Konzept und eine klare Antwort auf die Frage, warum dieses Getränk gut und sinnvoll ist
- eine klare Positionierung gemäß den vier P: Welches **Produkt** wollen wir zu welchem **Preis** mit welcher Kommunikation (**Promotion**) an welchem Ort (**Place**) verkaufen und wie findet die Distribution statt?
- ein attraktives Design – klar, selbsterklärend und auffällig

- eine hohe Qualität – Fehler werden immer weniger verziehen
- eine funktionierende Versorgung mit Nachschub, um leere Lager beim Kunden zu vermeiden
- eine funktionierende Kommunikation, vor allem online
- eine nachhaltige Verpackungslösung – im Idealfall ein Zugang zu einem Mehrwegpool für Flaschen und Kisten
- ein Team mit Marathonqualitäten

Die relativ lange Zeit, die wir nun schon im Getränkemarkt mitspielen, hat uns professioneller gemacht. 2020 waren wir dem Marktforschungsinstitut Nielsen zufolge in der zweiten Jahreshälfte die Nummer drei unter den Marken-Colas in Deutschland. Das heißt konkret, wir haben im deutschen Lebensmitteleinzelhandel, ohne Discounter und Drogerien, 2 Prozent Marktanteil. Vergleichbare Zahlen aus der Gastronomie werden nicht erhoben.

Ob das Bild vom kleinen Hamburger David vs. „Big Corporate" noch zutrifft, liegt ein bisschen im Auge des Betrachters. Auf jeden Fall haben die fritz-Jahre vielen Menschen bei uns eine Menge Freude gemacht, ein Einkommen beschert und sie bestimmt manchmal auch ein paar Tränen gekostet.

//

Mit der zunehmenden Popularität wächst natürlich auch die Aufmerksamkeit, die uns andere widmen. Der „Welpenschutz“, den wir früher mal genossen haben, ist weg. Irgendwie haben wir es auf die Watchlist der Großen geschafft. Das macht zwar stolz, ist aber auch anstrengend. Zum Beispiel, wenn diese Sortimente herausbringen, die verdammt an das eigene und an das von weiteren, noch kleineren Craft-Soda-Anbietern erinnern. Wie eine Art Ritterschlag hingegen fühlt es sich an, wenn unsere Werbemittel kopiert werden oder es plötzlich auffällig viele Markendarstellungen im Schwarz-Weiß-Look von fritz-kola gibt, obwohl der eigene Farbcode doch eigentlich mit Rot arbeitet. Richtig doof läuft es dann, wenn mit diesen Werbemitteln unsere fritz-kola-Tafeln und Straßenaufsteller ausgetauscht werden und aus dem Straßenbild verschwinden. Wirklich ins Schwitzen kommen wir, wenn unsere Gastronomiekunden gezielt und in größerem Stil angesprochen werden, damit sie uns nicht nur als Erst-, sondern auch als Zweitmarke auslisten.

Auf demselben Blatt steht die von manchem Mitspieler organisierte Verringerung der fritz-Regalflächen in Supermärkten durch die sich ausbreitenden Produkte der „Großen“. Hierzu werden Einkäufer von Supermarktketten mit Vorschlägen zu „Planogrammen“ für Getränkeabteilungen zugeschüttet. Also wie eine „optimale“ Getränkeabteilung nach deren Vorstellung aussehen sollte. Darin stehen dann fritz-kola und andere kleinere Anbieter eher unten in den Regalen oder werden gar nicht erst aufgeführt. Begleitet wird das von PowerPoint-Schlachten, in denen die Vorzüge des eigenen Sortiments gegenüber diesem und jenem Wettbewerber hervorgehoben werden.

Wie hart die Bandagen sind, zeigt ein Artikel im Berliner *Tagesspiegel* von 2019, in dem das Blatt eine Außendienstlerin einer anderen Cola durch Berlin-Friedrichshain begleitet. Es wird beschrieben, wie fritz-kola zurückgedrängt wird und wie viel besser die andere Cola arbeiten würde. Beim Anblick unserer Werbung wird die Vertreterin mit „Ich muss ganz ehrlich sagen, ich verstehe diese Werbung nicht" zitiert. „Statistik, Big Data, komplexe Marktanalysen – unterwegs abrufbar" unterstützen ihre Mission, genauso wie „bewährt altmodische Vertriebsarbeit: Vor-Ort-Kontaktpflege, Klinkenputzen, hartnäckigste Überzeugungsarbeit. Jeder Gastwirt, der sie abweist, sieht sie eher früher als später wieder." Auf zwei Fotos sieht man sie mit lächelnden Gastronomen, die zufrieden die Cola-Marke der Vertreterin verkaufen und bereits den Kühlschrank einer anderen, kleinen Limonadenmarke leer geräumt haben. Bereit zum Abtransport nach erfolgter Auslistung. Mir zeigte dieser Artikel damals, wie weit wir tatsächlich schon gekommen waren. Ein echter Gänsehautmoment.

Zu den positiven Seiten dieses Ringens um die Gunst der Genießerinnen und Fans gehört aber auch, dass es uns gelungen ist, Mehrwegflaschen in der Kategorie der Indie-Kola, Limonade und Schorle zu mehr Akzeptanz zu helfen. Auch die großen Mitspieler füllen zunehmend in Mehrweggebinden ab und reduzieren ihre Einwegverpackungen. Außerdem haben durchweg die Produktqualität und das Bewusstsein der Kunden für die Inhaltsstoffe zugenommen. So sind künstliche Aromen und Farbstoffe seltener geworden und finden sich häufig nur noch in importierten Getränkedosen. Meines Wissens gibt es kein anderes europäisches Land, in dem diese Art der süßen Verführung auf einem so hohen

Niveau geschieht. All das zeigt uns: Wir sind angekommen in einem Markt, der ganz sicher kein Ponyhof ist. Und wir werden ernst genommen.

Basierend auf meinen Erfahrungen der letzten Jahre empfehle ich allen, die sich selbstständig machen wollen: Wenn Ihr Erfolg habt, werden andere nicht lange tatenlos zusehen. Versucht, fair zu bleiben und Euren Weg mit Leidenschaft fortzusetzen, auch wenn andere Euch mal hart zusetzen sollten. Bei fritz stellen wir uns regelmäßig jedes Jahr ganz grundsätzliche Fragen: Wer sind wir? Was macht uns aus? Wo gibt es Potenzial? Wo schwächeln wir? Was ist möglicherweise überholt? Und was heißt es für fritz-kola, wenn es draußen noch stürmischer wird und andere uns kopieren? Dieser Druck von außen ist zwar echt anstrengend, hält aber wach und aufmerksam.

Konkret kann das heißen, mit ehemaligen Kunden zu sprechen und sie zu fragen, warum sie sich gegen uns entschieden haben. Im Idealfall bekommt man sogar die komplette Verkaufspräsentation der anderen Cola in die Hände, die den Sinneswandel herbeigeführt hat, und sieht dann eventuell, wie das eigene Produkt nach allen Regeln der Kunst schlechtgemacht wurde. Was für ein Geschenk! Wir lernten anhand solcher Fundstücke, unsere Stärken besser hervorzuheben und systematisch an der Beseitigung unserer Schwachstellen zu arbeiten. Manchmal reicht es aber auch, die eigene Kommunikation zu verbessern. Als wir zum Beispiel erfuhren, dass der Außendienst einer großen Cola verbreitete, unsere Kola würde gar nicht in Deutschland produziert, sondern aus Osteuropa importiert, begannen wir, verstärkt über unsere dezentrale, lokale Produktion zu erzählen. (Wie hier an Vorurteile gegenüber Osteuropa appelliert oder diese sogar geschürt wurden, war ganz typisch für die Verkaufsmethoden und alles anderes als okay.)

Wir haben gelernt, gegenüber Dritten niemals schlecht über unsere Wettbewerber zu reden. Das sollte selbstverständlich sein. Eigentlich.

Ein befreundeter Gastronom auf St. Pauli erzählt gern, wie der für ihn zuständige Coca-Cola-Außendienstler mal seinen neuen Regionalleiter mit zum Termin brachte. Der begann, sofort über fritz-kola herzuziehen – und merkte nicht, dass sich am Tisch ein betretenes Schweigen breitmachte. Bis ihn der Außendienstler schließlich stoppte, ihn nach draußen zog und ihn aufklärte, dass der Bar-Betreiber und Lorenz sehr gut befreundet waren. Der Regionalleiter kam sehr kleinlaut wieder rein und versuchte, seinen Fauxpas zu relativieren. Der Bar-Betreiber hat ihm dann großzügig vorgeschlagen, die zwei Minuten zu streichen und noch mal bei null anzufangen. Er hat übrigens auch erzählt, dass er von Coca-Cola immer mal unanständige Rabattangebote für den Fall bekommen hat, dass er uns auslistet. Dass wir sie nerven, merkt man beispielsweise daran, dass sie 2020 in einer Publikation sämtliche Konkurrenzmarken namentlich nannten – außer fritz-kola.

Dass wir uns als sympathische Alternative im Markt etablieren und eine gewisse Größenordnung erreichen konnten, wurde anfänglich sicher auch durch eine Anti-Big-Corporate-Stimmung in gewissen Kreisen begünstigt. Aber Stimmungen können sich ändern. Wir konnten nach etwas Anlauf mit Qualität und Geschmack punkten und eine von der Tagespolitik unberührte Markenidentität aufbauen, uns also unabhängig machen von einer aktuellen Stimmung.

inspirationen und plagiate

Eine bereits vorhandene Inspiration für uns war damals **Bionade** – die waren schon seit acht Jahren auf dem Markt, als wir 2003 loslegten. So richtig am Markt durchgesetzt haben sie sich etwa gleichzeitig mit uns. Wir sind uns oft begegnet bei Branchenveranstaltungen und haben gut zusammengearbeitet, z. B. wenn wir für kleine Indie-Marken offene Kunden trafen, die ihr Produkt-Portfolio ausbauen wollten. Dann haben wir uns gegenseitig empfohlen. Gerade in der Anfangszeit haben sich die Sortimente gut ergänzt, und so konnten wir uns eine Zeit lang gut die Bälle hin und her werfen. Ich fand immer, dass sie eine gute Story hatten – die vor der Pleite stehende Brauerei, die sich völlig neu erfindet und so an den eigenen Haaren aus dem Sumpf zieht. Bionade war sehr gut in der Gastronomie vertreten – das war eine wichtige Anregung und ein Vorbild für uns. Sie hatten ein auf das Wesentliche reduziertes Auftreten und Sortiment. Und die erste Generation der Mitarbeiter glaubte wirklich an die Sache.

Ein halbes Jahr vor uns war „Premium-Cola“ gelauncht worden; der Gründer Uwe Lübbermann ist recht bald nach unserem Start auf einer Veranstaltung im damaligen Club „China Lounge“ in Hamburg auf uns zugekommen, um den Kontakt herzustellen. Uwe wollte mit ein paar Mitstreitern unbedingt das damals vom Markt verschwundene Original-Rezept von afri cola wiederhaben, kombiniert mit viel Koffein. Und er warb anfangs genau damit, dass er diesen von ihm schmerzlich vermissten Geschmack nun wieder anbiete mit seiner Premium-Cola. Später verbot ihm afri cola diese Aussage; heute definiert man sich als „das Premium-Kollektiv“. Nach eigener Definition umfasst es „theoretisch alle, die in irgendeiner Weise beteiligt sind: Hersteller, Spediteure, Händler, Gastronomen und insbesondere auch Konsumenten. Jede/r, der/die mal eine Flasche getrunken hat, ist ein Beteiligte/r und kann mitlesen sowie mitreden.“ Ein hochinteressantes Projekt, weil Uwe versucht, das Wirtschaften konsequent anders zu organisieren und zu denken: Die „Firma ohne Büro“ wird von einer Art Internet-Kollektiv geführt; die Mitarbeiter können ihre Arbeitszeit frei bestimmen und erhalten einen Einheitslohn. Die klassischen Hierarchien sind aufgehoben. Die Macher um Uwe Lübbermann sagen selbst, dass sie vor allem zeigen wollen, dass Kapitalismus auch anders und menschenfreundlicher möglich ist, als er heute daherkommt. Mit welchem Produkt sie das zeigen, ist ihnen zufolge zweitrangig. Ich habe größten Respekt davor, wie mutig und konsequent die Premium-Leute seit fast zwanzig Jahren ihren Weg gehen.

2004 sahen die ersten Marktteilnehmer, dass wir Erfolg hatten und sprangen auf den Zug auf. Völlig legitim, solange es sich nicht um ein Plagiat handelte. „Peace Cola – trinken für den Frieden“ war kein Plagiat. Die Gründer profitierten damals von derselben politischen Stimmung wie wir. Es gab die Cola aber nur etwa ein Jahr lang. Den Macher Jens Marsau habe ich leider nie kennengelernt.

Aber wir hatten es auch regelmäßig mit Nachahmern zu tun, die sich von unserem Erfolg haben inspirieren lassen, ohne mit einer eigenen wirklich neuen Produktidee anzutreten. Anfangs waren wir recht aufgeregt, wenn so etwas geschah. Mittlerweile sind wir gelassener. Wenn etwas so ähnlich daherkommt wie fritz, dann nehmen die Konsumenten lieber das Original.

Das erste Erlebnis dieser Art hatten wir bereits 2009, als unser erster Abfüllbetrieb in Nordrhein-Westfalen Probleme hatte, kontinuierlich gute fritz-kola zu produzieren. Als wir den Abfüller wechselten, war der verlassene Braumeister so verärgert, dass er einen Nachbarn ansprach, der auf dem Sprung zu einem Studium in Hamburg war. Ob er nicht Lust habe, eine neue Kola in der Hansestadt zu vertreiben. Mir fiel diese Marke erst auf, als ich an einem Bäcker im Grindelviertel vorbeiging und mich freute, aus dem Augenwinkel unsere Kola zu erspähen. Beim genaueren Hinsehen war es jedoch der Kola-Neuling – ebenso schwarz-weiß wie wir und mit dem Slogan „erhöhter Koffeeingehalt" sowie einem Menschen im Schattenriss statt der zwei Köpfe. Eine Kola mit Kaffeegeschmack, äußerlich fast eine fritz. Sie hat sich nicht etablieren können.

Deutlich dreister war das Vorgehen unseres exklusiven Distributeurs für Nordrhein-Westfalen. Er war sowohl Kundenbetreuer als auch Lieferant aller fritz-Kunden im größten Bundesland, also ein wichtiger Partner für uns. 2006 überraschte er uns, indem er eine eigene Kola herausbrachte. Natürlich mit schwarz-weißem Etikett. Für den Namen hatte er sich etwas außerordentlich Originelles einfallen lassen: einen altmodischen Männervornamen. Als wir ihn fragten, was das solle, meinte er, wir könnten doch wie Coca-Cola und Pepsi-Cola gegeneinander antreten.

Rechtlich hatten wir keine Handhabe gegen diesen Vertrauensbruch. Mithilfe unserer Kola hatte er sich Zugang zu den Kunden verschafft – und versuchte, sie nun davon zu überzeugen, sie sollten statt fritz lieber seine Marke ordern. Und natürlich ärgerten wir uns auch über die Selbstdarstellung auf seiner Homepage: Er wolle den elterlichen Betrieb „auf alternative Erfrischungsgetränke“ umstellen und sich „von Großherstellern und von Herstellern mit angeblich alternativen Independent-Getränken unabhängig machen“. Es tat weh zu sehen, wie dieser Geschäftspartner, dem wir unser Vertrauen geschenkt hatten, nach und nach unser gesamtes Sortiment nachbaute – und uns dabei so genau wie möglich kopierte, obwohl er uns doch nur für „angeblich alternativ“ hielt. Wir entzogen ihm dann den exklusiven Vertrieb für Nordrhein-Westfalen und verkauften von nun an direkt an die anderen Getränkehändler in der Region. Es gelang uns zum Glück, den Schaden gering zu halten und fast alle unsere Kunden in der dortigen Gastronomie weiterhin mit fritz-kola zu beliefern. Die Kundenbetreuung mussten wir nun aber wieder selbst übernehmen.

Die Lehre aus diesem dreisten Nachbau liegt auf der Hand: Einfach nur eine Kola abzufüllen und so ähnlich zu verpacken wie der früher gestartete Konkurrent, genügt nicht. Eine Kola braucht, wie die meisten anderen Genussprodukte, eine eigene Identität. Daran haperte es. Etwas

Erfolgreiches nachbauen mag kurzfristig auch funktionieren – aber klug und nachhaltig ist es nicht.

Von großer Tragweite war auch der Verlust unseres Distributeurs BioBox in Polen. Seit 2011 war er unser exklusiver Partner bei der Betreuung und Belieferung der polnischen Kunden, also Gastronomie und Lebensmitteleinzelhandel. Schon im selben Jahr kam er mit einem eigenen Mate-Produkt auf den Markt, aber fritz blieb mit Abstand sein größter Umsatzbringer im Bereich Cola und Limo.

2014 jedoch brachte er überraschend eine eigene Limo namens John Lemon heraus und teilte uns mit, dass er seine eigene Marke jetzt konkurrierend zu fritz anbieten wolle. Wir beendeten von einem Tag auf den anderen die Zusammenarbeit – und standen natürlich ziemlich auf dem Schlauch. Wir mussten unsere Kunden bei der Stange halten und fieberhaft nach neuen Partnern suchen, die für uns die Belieferung der Kunden übernahmen. Die in John Lemon umbenannte Firma eroberte zeitweilig fast den ganzen polnischen Markt – unter anderem mit einer John-Lemon-Kola, die 25 mg Koffein enthielt. Was für ein Zufall … Auffällig war auch, dass alle unsere Werbemittel und Kühlschränke in Schwarz-Weiß und immer 1:1 nachgebaut wurden.

Wir haben in dieser Zeit massenweise Kunden und viel Umsatz verloren und erst reichlich später wieder an unsere früheren Absätze in Polen anknüpfen können. Lustigerweise bekam John Lemon nicht mit uns juristische Probleme, sondern mit Yoko Ono. Sie klagte erfolgreich gegen den Namen, der dem ihres ermordeten Mannes zu ähnlich sei. Das Unternehmen benannte sich daraufhin in ON Lemon um.

ON Lemon macht gute und innovative Produkte mit eigenem Profil – seit 2019 zum Beispiel eine Tonic-Water-Linie. Wir können viel von ihnen lernen. Über die Jahre haben die Jungs eine eigene Identität aufgebaut und machen in Polen neben uns gute Geschäfte. Der Verlust von BioBox ist dennoch schade, weil die Mannschaft echt gut und sympathisch ist. Zusammen hätten wir deutlich mehr erreichen können, aber wir hatten in Polen auch eine wirklich gute gemeinsame Zeit. Die Auseinandersetzung hat uns viel Zeit und Geld gekostet, doch heute sind wir dank engagierter Kollegen vor Ort wieder fester Teil der polnischen Gastronomieszene.

Aus all diesen Auseinandersetzungen mit früheren Geschäftspartnern oder dreisten Nachahmern gibt es drei Konsequenzen. Erstens: Wir sind heute deutlich weniger naiv bei der Auswahl von und der Zusammenarbeit mit Partnern. Zweitens: Die Verträge werden immer dicker. Und drittens mussten wir leider feststellen, dass auch die dicksten Verträge im Ernstfall nichts nützen. Jedenfalls können sie keine Entwicklung aufhalten, die schon eingesetzt hat. Das ist so

ähnlich wie im Profifußball: Wenn ein Spieler unbedingt zu einem anderen Verein wechseln will, dann schafft er das auch – Verträge hin oder her.

So oder so sollte man sich gut überlegen, wie viel Energie man aufwendet, um sein Recht durchzusetzen. Die alte Juristenweisheit „Vor Gericht und auf hoher See ist man in Gottes Hand“ zeigt, dass der Ausgang eines Rechtsstreits schwer vorherzusagen ist. Absolut sicher ist jedoch, dass solche Auseinandersetzungen viel Geld verschlingen und jede Menge

Zeit, Energie und Nerven kosten. Und manchmal kosten sie einen auch die Sympathie der Kunden – obwohl man sich nicht nur juristisch, sondern auch moralisch im Recht wähnt. Mitunter kann es also klüger sein, irgendwann nachzugeben und die Ressourcen in Projekte zu stecken, die Spaß machen und Erfolgspotenzial bieten.

Hin und wieder kommt der Impuls zu markenrechtlichen Fragen auch aus der Community wie im Falle des Craft-Biers „FRITZALE“. Das hatte der Bonner Brauer Fritz Wülfing 2010 auf den Markt gebracht und einfach nach sich selbst benannt. Immer öfter wurden wir auf „unser Bier“ angesprochen. Wir waren noch unerfahren im Umgang mit Markenrechtsfragen und baten 2012 unseren Anwalt, sich der Sache anzunehmen. Hat er dann auch gemacht. Brief im besten Anwaltsdeutsch aufgesetzt, darin aufgefordert, die Marke FRITZALE einzustellen und abgeschickt. Die Verwechslungsgefahr war gegeben und fritz-kola war einfach die ältere Marke. Juristisch war das also alles korrekt. Aus heutiger Sicht war unser Vorgehen dennoch ein Fehler – und zwar vom Stil her. Wir hätten versuchen sollen, die Angelegenheit erst mal ohne Anwalt zu klären. Fritz Wülfing ist ein guter Typ und wäre dafür sicher zugänglich gewesen.

Wir erlebten dann, dass sich die Öffentlichkeit in solchen Fällen reflexhaft mit dem Kleinen solidarisiert – und dass wir dieser Kleine nicht mehr waren. Wir wurden vielmehr von vielen als hartherziger, kapitalistischer Konzern wahrgenommen, der vergessen habe, wo seine eigenen Wurzeln lagen. Dass es kein sehr geschickter Zug gewesen war, den von uns etablierten Namen Fritz für ein Bier zu nutzen, spielte nur bei wenigen eine Rolle. Wir haben uns dann – auch unter dem Eindruck des auf uns niederprasselnden Shitstorms – außergerichtlich mit Fritz Wülfing geeinigt, dass er seine FRITZALE-Bestände noch einige Monate lang weiterverkaufen konnte und dann einen anderen Namen für sein Produkt wählte: Ale-Mania. Immer noch echt gutes Bier.

Die Erfahrung war lehrreich für uns. Im Vergleich zu Neueinsteigern waren wir jetzt der Etablierte und der Große, was nicht gut passte zu unserer immer noch gern gepflegten Selbstwahrnehmung als „David“. Bevor man in eine juristische Auseinandersetzung geht, sollte man unbedingt prüfen, was diese für das Image bedeuten kann – und sich dabei nicht zu sehr auf die eigenen Anwälte und die Fakten verlassen. Stimmungen spielen eine starke Rolle, und die schätzt man aus seiner Blase heraus gerne mal falsch ein. Dass man sich selbst im Recht fühlt, ist ja normal. Vielleicht ist man sogar im Recht – aber empfinden die eigenen Fans das auch? Und verträgt es sich mit dem von ihnen geschätzten Ruf ihrer Marke, wenn sie immer gleich mit dem Anwalt kommt? **Wann immer es geht, sollte man sich mit Konkurrenten und Nachahmern außergerichtlich, gütlich und** möglichst geräuschlos einigen. Das haben wir damals bitter gelernt.

Seit der FRITZALE-Erfahrung rufen wir die Leute immer erst mal an oder treffen uns mit ihnen, wenn sie zu ähnliche Produkte launchen. So konnten wir Aydin Umutlu, der eine „Ali-Cola“ herausbrachte, davon überzeugen, dass eine schwarz-weiß etikettierte Cola mit dem Kopf von Ali drauf schlicht sinnlos war. Man würde diese Flaschen immer mit fritz-kola verwechseln, und er könnte keinen eigenen Kundenstamm und keine eigene Identität aufbauen. Er hatte dann die originelle Idee, ganz auf ein großes Etikett zu verzichten und seine in sechs verschiedenen Farben angebotene Cola wirken zu lassen. Und er wirbt mit Sprüchen, die zu Toleranz auffordern, wie „Müssen Menschen weiß und Colas schwarz sein? Eben!“ oder: „Cola in Hautfarbe gab es schon immer. Nur halt nicht in deiner.“ Wir haben uns später noch ein paarmal getroffen. Ein guter Typ, tolle Idee.

2015 gerieten wir erneut in die Rolle des „herzlosen Goliaths“. Es war ein echter Schreck, als uns die ersten Anrufe erreichten: „Au Backe. DIE ZEIT nimmt euch im Aufmacher ihres Studentenmagazins auseinander und illustriert das Ganze auf mehreren Seiten mit aufwendigen Grafiken. Krass!“

Was war geschehen? Ein Imbissbetreiber von einem Edeka-Parkplatz im Ruhrgebiet hatte den Eindruck gewonnen, wir wollten durch den Einsatz von teuren Werbemitteln wie Bänken, Schirmen und Kühlschränken die kleine regionale „Ruhr-Pott-Kohla" verdrängen. Diese Erzählung nahm das ZEIT-Heft „Campus" zum Anlass, uns generell das Herausdrängen und Herauskaufen kleiner Konkurrenten aus der Gastronomie vorzuwerfen. Zusammen mit einem Hamburger Stadtmagazin haben wir dann einen runden Tisch organisiert: fritz-kola, Premium-Cola, Ali-Cola, Cola-Rebell und Ruhr-Pott-Kohla waren anwesend oder zugeschaltet. Ich bat alle, ihre Kritik anhand konkreter Beispiele vorzutragen. Abgesehen von einer Geschichte aus unseren Anfangsjahren – damals hatte einer unserer Außendienstler durch unanständige Gratisangebote ein Konkurrenzprodukt aus einem Club verdrängen wollen; diese Praxis haben wir damals sofort und generell unterbunden – konnte niemand etwas vorbringen.

Was es gab und gibt: Manche Gastronomen verkaufen die Platzierung in ihren Getränkekarten und die Exklusivität in einzelnen Getränkekategorien, also alkoholfreie Getränke, Bier, Wasser, Saft, Energy-Drinks, Spirituosen an Getränkehersteller. Das Geld nutzen sie dann etwa für die Produktion neuer Speisekarten oder um in ihre Lokale zu investieren. Vor allem in Musikclubs und Livespielstätten ist das typisch und ein fester Bestandteil von Finanzierungsplänen, um überhaupt diese Läden zu bauen und zu betreiben. An diesem Wettbewerb beteiligen wir uns teilweise und geben, im Rahmen unserer Möglichkeiten, einen Teil unserer Marge an die Läden ab.

Diese Praxis kann man kritisieren, weil sie für kleinere Getränkehersteller eine echte Hürde darstellen kann. Auf der anderen Seite kann man aber auch Verständnis für die Betreiber und Enthusiasten spannender Musikclubs aufbringen. In immer teurer werdenden Städten mit steigenden Mieten und Personalkosten nutzen sie die Gelder und Leistungen von Brauereien, Spirituosen- und anderen Getränkeherstellern sowie Zigarettenmarken, um sich zu refinanzieren. Dieses Phänomen ist in teuren urbanen Lagen durchaus üblich, in günstigeren und eher alternativen Gegenden eher seltener. In letzteren hatten Gastronomen bis zur corona-bedingten Branchenkrise häufig mehr Fläche und finanziellen Spielraum, um auch mal neue Ideen auszuprobieren und selbst zu bezahlen. Alternativ werden neue Gastronomien allerdings auch von externen Investoren finanziert. Geld bringt heute, in den 2020er-Jahren, auf der Bank aktuell keine Zinsen, und so wird manchmal eben in – meist gehobene – Gastronomie investiert, die dann auf das Geld von Getränkeherstellern verzichtet.

Besonders ausgeprägt und kostspielig ist das beschriebene Phänomen bei Musikfestivals. Die veranstaltenden Agenturen jonglieren die wachsenden Ansprüche der Musiker und Künstler, die wiederum auf die Gagen der Festivals als Einnahmequelle angewiesen sind, der Eintrittspreise für die Gäste, den vielfältigen Risiken von Live-Events, lokalen Auflagen und dem eigenen Lohn für die Arbeit. Hier bieten neben anderen Sponsoren wie bspw. Telekommunikationsdienstleister, Supermarktketten oder eben Getränkehersteller eine willkommene Quelle für weitere, notwendige Einkünfte. Wie sich diese Gemengelage durch die Corona-Krise verändert, die die Gastronomie-, Club- und Festivalszene ja extrem hart getroffen hat, war bei Redaktionsschluss dieses Buchs noch nicht abzusehen.

Grundsätzlich stehen wir für ein funktionierendes Ökosystem unabhängiger, meist kleinerer Getränkehersteller. Die fehlende Getränkeauswahl war schließlich ein Ausgangspunkt der Gründung von fritz-kola. Die kleineren Hersteller kennen sich häufig und versuchen, mal gut, mal weniger gut, sich untereinander auszutauschen.

Was weitere Colas betrifft, bin ich der Meinung: Die Cola-Geschichte ist aktuell auserzählt. Es gibt heute Coca-Cola und Pepsi, es gibt Handelsmarken, es gibt viele kleine unabhängige Marken wie fritz. Sie alle haben naturgemäß einen großen Vorsprung vor möglichen Neueinsteigern. Ein erfolgreicher Neuauftritt in diesem Markt wäre nur noch mit einer spektakulären Innovation denkbar. Aber worin sollte die bestehen? Wir haben damals einen unbestellten, fruchtbaren

Acker vorgefunden. Aber heute kommen die Gastronomen buchstäblich nicht mehr hinterher damit, die ihnen zugesandten Probeflaschen neuer Cola-Sorten oder anderer Softdrinks auch nur zu probieren. Keine Chance – es sind einfach zu viele.

06 herausforderungen

wachstumsfreuden und wachstums-schmerzen

In der ersten Zeit herrschte noch diese typische Start-up-Atmosphäre, bei der jeder alles macht und man sich selbstverständlich gegenseitig hilft, wenn es mal eng wird. Heute ist alles viel professioneller organisiert – aber auch etwas weniger schräg und lustig. Die Dimensionen sind eben vielviel größer als am Anfang.

rabea haase, buchhalterin ab 2010

fritz-k

Nach den wilden Anfangsjahren war es irgendwann nicht mehr zu leugnen, dass wir ein richtiges Unternehmen geworden waren: mit Geschäftsräumen, Abteilungen, Strukturen, einer Büroausstattung, die den Namen verdiente und deren teuerste Teile (Computer und Server) irgendwann sogar versichert wurden. Wobei wir das Wachstum erstaunlich lange mit einem überschaubaren Team gemanagt haben. Erst nach gut zehn Jahren, etwa 2014, begann die Belegschaft, allmählich in die heutigen Dimensionen zu wachsen.

Aber dass wir stürmisch wuchsen, über viele Jahre 30 bis 50 Prozent Zuwachs verbuchen konnten, war nicht von der Hand zu weisen. Ich bin häufiger gefragt worden, ob mir nicht manchmal schwindelig wurde angesichts der immer größeren Zahlen und der ständig sich erweiternden Möglichkeiten unseres Projekts fritz-kola. Aber auch wenn ich irgendwann mal etwas erschrocken feststellte, dass ich meine Weihnachtsfeier-Rede vor fast 200 Leuten halten würde (inzwischen sind wir noch mehr), war uns unser Erfolg eigentlich nie unheimlich. Lorenz und ich waren von Anfang an vermessen genug, unser Projekt viel größer zu denken, als es war. Und unsere Visionen wuchsen dann auch mit – immer vor dem realen Wachstum her. Das lag daran, dass wir wirklich von Anfang an überzeugt waren von unserer Idee und ihrem Marktpotenzial. Rückblickend würde ich sagen, ich habe mein Ziel, Unternehmer zu sein, geradezu verbissen verfolgt – und die Möglichkeit eines Scheiterns niemals in Betracht gezogen. Ich hätte jede Hürde in Angriff genommen, die sich mir in den Weg gestellt hätte – und wenn sie drei Meter hoch gewesen wäre.

Und zugleich waren wir immer noch die beiden Jungs aus dem Waschkeller, die ihr Unternehmen nach Absatz und Kontostand statt nach ausgereiften Kennzahlen führten. Unsere Hauptkennzahl war der Kontostand bei der Hamburger Sparkasse. War mehr Geld auf dem Konto als im Vormonat, hieß das „gut“, war es weniger, war es eben „schlecht“ und musste geändert werden. Ganz einfach und klar. Wir hatten keine ausgefeilten Analysen und „Tools“ und schlicht keine Zeit, uns zu justieren, zu reflektieren und innezuhalten. Wir waren zu sehr mit unserem Wachstum beschäftigt. Dabei haben wir viel gelernt und auch viele Fehler gemacht. Aber der Laden lief so gut, dass wir das nicht gemerkt haben.

Heute weiß ich: Wir hätten uns unbedingt einmal jährlich richtig Zeit für Reflexion und ordentliche Planungsprozesse nehmen müssen; eigentlich auch begleitet durch externe Expertise wie beispielsweise Mentoren oder erfahrene Sparringspartner in einem Beirat. Sosehr uns am Anfang der unbedingte Wille geholfen hat, das Unternehmen ausschließlich aus eigener Kraft aus den Angeln zu heben, so sehr fiel uns dies mit zunehmender Größe auf die Füße. Wir hatten schlicht nicht mehr den passenden Werkzeugkasten und die

Erfahrungen parat, um ein Unternehmen dieser Größe zu leiten und weiterzuentwickeln.

Wenn eine Firma schnell wächst, ist vieles leichter. Die Fehler, die man unweigerlich macht und durch die man möglichen Umsatz verpasst oder Geld verliert, bedrohen einen nicht existenziell, weil das Wachstum diese Effekte überdeckt und „verschluckt". Aus demselben Grund hat die allgemeine Konjunkturdelle infolge der Finanzkrise 2008 bei uns keinerlei Spuren hinterlassen – wir hatten sozusagen gerade Sonderkonjunktur. Die jährlichen Zuwächse waren weitaus größer als die konjunkturbedingten Einbußen, sodass diese quasi unsichtbar blieben.

Zugleich ist stürmisches Wachstum natürlich auch sehr herausfordernd, permanent müssen die Strukturen angepasst werden. Man kommt sich als Unternehmer oft vor wie die Eltern eines Jugendlichen, der binnen eines Jahres um 15 Zentimeter wächst. Diesem Prozess muss man sich ununterbrochen anpassen: Man kauft dauernd neue Klamotten und Schuhe, dazu ein neues Bett, einen neuen Schreibtisch, ein neues Fahrrad. Bei uns hieß das: mehr neue Leute, neue Räume, laufend ein Haufen von Fragen, über die wir uns noch nie Gedanken gemacht haben. Klar, das sind Luxusprobleme – aber auch die können das Management und die Belegschaft auf Trab halten. Ständig vorwärtszurennen heißt eben auch: nie zur Ruhe kommen. Und man muss sich auch wappnen gegen Leichtsinn und Übermut – was in Zeiten des Überflusses schwieriger zu rechtfertigen ist als während einer für alle Mitarbeiter sichtbaren Krise.

Aber ist es überhaupt nötig und erstrebenswert, dieses ständige Wachstum? Warum soll fritz-kola weiterwachsen? Bei der Gründung ging es schlicht darum, dass zwei Studenten selbstständig ihren Lebensunterhalt verdienen und „ihr Ding“ machen wollten. Diese Phase war bald vorüber; die Studenten waren schnell mitten im Leben und im Business angekommen. Die Nöte der wilden Anfangsphase sind vorüber. Wer nun nach dem Sinn sucht, warum fritz wachsen soll, landet schnell wieder beim Purpose, dem „Warum machen wir das hier eigentlich?“. Meine Antwort: Wer Erfolg hat und wächst, kann auch gestalten. Mit Erfolg und Wachstum gehen ein Zuwachs an Ressourcen und an Verantwortung einher. Beides einzusetzen zum Wohle des Unternehmens und der Gesellschaft, in die es eingebettet ist, sind die Gründe, weshalb wir wachsen wollen. Wir konnten in den letzten Jahren erleben, wie unser Erfolg Inspiration für andere Gründer war, egal ob Männer oder Frauen, in nachhaltige Projekte Zeit und Geld zu investieren.

Wenn wir mit fritz weiterwachsen, können wir noch mehr Bauern Anreize schaffen, auf eine ökologische Landwirtschaft umzustellen. Also den Absatzmarkt für ökologisch produzierte Erzeugnisse vergrößern und bei mehr Verbrauchern das Bewusstsein hierfür schaffen. Der ökologische Landbau sichert die Artenvielfalt auf der Erde, erhöht und erhält die Bodenfruchtbarkeit ohne den Einsatz von Chemikalien. Richtig gemacht, sichert er Menschen in aller Welt über Generationen ein gutes Einkommen. Dafür lohnen unsere Anstrengungen, mehr Bio-Erzeugnisse zu kaufen und als Kola, Limonade oder Schorle an unsere wachsende Fangemeinde zu bringen.

Unsere Erfolge in den letzten Jahren haben gezeigt, dass wir mit unserer Mehrweg-Strategie andere Getränkehersteller ermutigen, uns nachzufolgen und Einweg aufs Abstellgleis zu schicken. Mit Mehrweg können regionale Getränkeabfüllbetriebe sich gegen Einweg-Fabriken durchsetzen, die zentral von einer Fabrik ihre billigen Süßgetränke über Hunderte und Tausende Kilometer in die Welt fluten. Hier ist unser Weg eine echte und nachhaltige Alternative: Statt als Müll am Stadtrand, in Flüssen und Meeren zu landen, in Europa oder in Übersee, kehren Mehrwegflaschen in die lokale Wertschöpfung zurück. Kurze Transportwege helfen im Kampf gegen den Klimawandel, ermöglichen eine lokale Wertschöpfung, also Arbeitsplätze und Steueraufkommen. Die Summe der nachhaltig wirtschaftenden Getränkehersteller konnte in den letzten Jahren bei vielen Verbrauchern ein Umdenken hin zu Mehrweg erreichen.

Erfolgreiche Marken wie zum Beispiel fritz-kola ermög-

lichen Investitionen in diese nachhaltige Denke durch tragfähige und langfristige Partnerschaften. Der Erfolg des einen ermöglicht die Investition in neue, zukunftsfähige Anlagen des anderen. Häufig genug sind es eben lokale, familiengeführte Unternehmen wie das von Dirk Lütvogt, denen wir diese Investitionen mit ermöglichen.

Unser Anspruch als fritz-kola, „gemeinsam wach zu halten“, Frauen und Männer überall zu inspirieren, „ihr Ding“ zu machen und sich für eine offene und liberale Gesellschaft einzusetzen, kann uns Ansporn sein, weiterhin nicht nachzulassen, die beste Kola zu machen.

Wachstum hieß 2008 aber erst mal, neue Räumlichkeiten für uns zu finden. Wir hatten bis dahin einen alten Schuppen als Lager vor den Toren der Stadt und ein schäbiges Ladengeschäft an einer Ausfallstraße gemietet. Nun sollte es etwas größer werden und unter einem Dach vereinen. In einer ehemaligen Colgate-Palmolive-Fabrik in Hamburg-Billbrook, auch „Billbrooklyn" genannt, wurden wir fündig. Lange bevor zahlreiche Food-Start-ups ins Viertel zogen.

Jana Hollenberg, unsere bereits zitierte frühere Marketingchefin (bei fritz heißt das „Leitung Markenpflege"), erinnert sich an die Atmosphäre in diesem neuen Quartier:

Meine erste Begegnung mit fritz-kola hatte ich zum Vorstellungsgespräch im Sommer 2011, im alten fritz-Büro in Hamburg-Billbrook(lyn). Der Weg in das abgelegene Industriegebiet im Hamburger Osten war bereits ein kleines Abenteuer und sollte wohl die erste Bewährungsprobe für mich sein. Das Büro lag versteckt auf dem Hof des stillgelegten Colgate-Palmolive-Geländes; der Aufzug lud zum Steckenbleiben ein, und die Eingangstür war wegen der winzigen Logo-Kennzeichnung zwischen einer Lkw-Fahrschule und weiteren, etwas dubiosen Import-Export-Firmen nur schwer zu finden. Zum Glück ließ ich mich davon nicht abschrecken und unterschrieb nur zwei Wochen später meinen Arbeitsvertrag. Lorenz, der mich mit Cap, Hoodie und Sneakers zum Gespräch begrüßte, hatte mich schnell überzeugt, Teil der damals noch kleinen fritz-Mannschaft zu werden.

Die Arbeitsumgebung in der Liebigstraße war recht kurios – nicht nur wegen der dubiosen Geschäfte unserer Büronachbarn. Im Winter wurde es bei uns im Büro aufgrund der schlechten Isolierung des Gebäudes auch öfter mal etwas kälter. Das Problem wurde vom Hausmeister dann schnell und pragmatisch gelöst – er dichtete die Fensterrahmen kurzerhand mit Tesafilm ab. Natürlich war das wenig erfolgreich, aber wir trugen es mit Fassung – und Mütze.

Zu Beginn meiner Zeit bei fritz waren wir nur knapp zwei Dutzend Kollegen, davon rund zehn Leute im Büro in Hamburg. Aber dann wuchs die Belegschaft stürmisch. Schnell wurden weitere Zimmer auf demselben Flur gemietet, eigenhändig neue Büromöbel bei IKEA besorgt und aufgebaut – wer es gut konnte, half den anderen. Hauptsache, es ging schnell. Auch beim Packen der Werbemittel-Pakete mit Flaschenöffnern, Gläsern oder Schlüsselbändern im Lager, das damals direkt zum Gebäude gehörte, half zu Beginn noch jeder mit aus. Doch auch hierfür wurden schnell weitere Mitarbeiter eingestellt, und letztlich wurde der Versand der Werbemittel an einen externen Dienstleister abgegeben. Es wurde zudem immer schwieriger, sich die Namen der neuen, deutschlandweit verteilten Außendienstmitarbeiter zu merken. Die zu Beginn noch aus Vornamen bestehenden Mailadressen mussten um den Nachnamen ergänzt, Konferenzräume und Hotels für Vertriebstreffen weit im Voraus gebucht werden. Jedes „Klassentreffen" mit neuen fritz-Gesichtern sorgte bei der Begrüßung immer wieder für Staunen – auch bei den beiden Gründern, die wohl in solchen Momenten am ehesten begriffen, dass aus der kleinen Anfangsmannschaft sehr schnell ein mittelständisches Unternehmen herangewachsen war.

welteroberung à la fritz

Der Kern von fritz waren von Anfang an die bei uns „Koffex“ (Koffein-Experten) genannten Vertriebsleute. Um es mit dem Credo von Peter zu sagen: „Start-ups müssen sich vor allem um den Verkauf ihres Produkts kümmern, nicht um die Produktion. Das kann man delegieren.“ Man kann sogar sagen, dass fritz die ersten Jahre eigentlich nur Vertrieb war. Alle anderen Aufgaben wurden entweder delegiert, etwa an Werbeagenturen oder das Steuerbüro, oder vom Vertriebsinnendienst miterledigt.

Unser Außendienst wurde allmählich so umfangreich, dass wir Treffen der gesamten Truppe nicht mehr in Hamburg machten, sondern an zentraler gelegenen Orten mit mehr Platz. Begonnen haben wir damit schon 2007 in Weimar. Diese Treffen waren und sind immer Highlights des fritz-Jahres: Wir feiern unsere Erfolge und planen neue.

Und zu feiern gab es viel. Das Wachstum zeigte sich an der ständigen Ausweitung unserer Aktivitäten. Wir stießen in immer neue Städte, Regionen und Länder vor, gewannen neue Kundengruppen wie den Lebensmittelhandel und erweiterten regelmäßig unser Sortiment. Unsere Koffex waren manchmal vielleicht etwas unerfahren, dafür aber doppelt motiviert. Sehr zielsicher banden sie Kontakte zu den Frauen und Männern in moderner, attraktiver Gastronomie. Mit großer Ausdauer und Hingabe verräumten sie unser Sortiment in den Regalen selbstständiger Kaufleute. Auch wenn andere immer wieder unsere Flaschen gegen die Flaschen anderer Marken austauschten. Legendär sind die Aufbauten, also die Platzierungen zwischen den Regalen in den Supermärkten, bei denen aus Kisten und Flaschen Motive dargestellt werden, wie etwa Fußballarenen zu Zeiten von Meisterschaften, Herzen an Valentinstagen oder Lokomotiven, wenn ein Bahnmuseum in der Nähe ist. **Der Grundstein zum Feiern unserer Erfolge waren und sind immer unsere Leute.**

Schon 2005 exportierten wir erstmals ins Ausland – wobei wir überhaupt nie so richtig zwischen In- und Ausland unterschieden haben. Wer fritz-kola wollte, war unser Kunde – fertig. Und der Segen des europäischen Binnenmarkts sorgt dafür, dass man sich wenig bis gar nicht mit nationalen Eigenheiten und Vorschriften beschäftigen muss.

Der erste dieser neuen Kunden war der „TROUW Club" in Amsterdam – die Location war damals schon eine Legende für elektronische Musik und Nachfolger des legendären „Club 11". Es folgten 2006 Österreich, die Schweiz und Spanien und 2010 Polen sowie Dänemark – immer den spannenden Cafés, Bars oder Clubs nach. Ebenfalls 2010 lernten wir auf der Gastro- und Hotelier-Fachmesse Internorga Florian Frey und Azadeh Falakshahi kennen, die gerade dabei waren, in London das erste Lokal ihrer Wurstbraterei „Herman ze German" zu eröffnen, und bei denen fritz-kola genau ins Profil passte. Und für mich war es ein erstklassiger Grund, nach London, ins Herz des damals superangesagten „Cool Britannia", zu reisen. Azadeh erinnert sich:

Als wir fritz-kola kennengelernt haben, waren wir total begeistert von Idee, Sprache, Marke und Team. Von den Visionen und der Message. Das Team hatte ein erfrischendes Ethos. Die Markensprache von fritz-kola ist einfach genial. Da sind immer wieder die besten, mutigsten Sprüche und Illustrationen dabei. Und die Drinks sind superlecker. Unsere Kunden lieben die Marke und den Geschmack.

Wir konnten uns sofort mit Mircos Enthusiasmus und Durchhaltevermögen identifizieren. Und wir hatten immer sehr viel Spaß mit den Jungs, die auch ab und an zu Besuchen in London waren. Kurios für uns war, dass Mirco darauf bestand, überallhin zu laufen. Und es war auch immer lustig, den Slogan „koksen ist achtziger" für die Londoner zu übersetzen.

Anfangs haben wir sogar selbst palettenweise fritz-kola nach London importiert, weil es noch keinen Händler gab. Bei uns stand alles voll mit den schwarzen Kisten. Es durfte ja schließlich nicht ausgehen. Heute haben wir fünf Läden – und dort fast ausschließlich das fritz-kola-Sortiment.

Und wir gewannen allmählich auch neue Kundengruppen hinzu. Die traditionsreiche Hamburger Drogeriekette Budnikowsky (in der Hansestadt nur bekannt als „Budni"), ein sympathisches Familienunternehmen, führte uns lange – und als einzige Einzelhandelskette überhaupt – exklusiv, hatte Coca-Cola also ausgelistet. Dies geschah zu unserer Freude mit ausdrücklichem Verweis auf unsere Mehrwegstrategie. Damals sollten die über 150 Filialen nur Mehrweg- und keine Einwegflaschen verkaufen. Erst als Budni viele Jahre später eine Einkaufsgemeinschaft mit Edeka einging, mussten sie Coca-Cola und damit auch wieder Einwegflaschen aufnehmen.

Gefreut haben wir uns auch, als uns der für Airbus zuständige Caterer ansprach und wir beim Flugzeugbauer auf Finkenwerder fritz-Automaten aufstellen konnten. So fließt dort wenigstens ein nachhaltiger „Treibstoff" und motiviert die Tüftler dort hoffentlich zur Entwicklung klimaschonender Flugzeugantriebe.

Unser Sortiment haben wir übrigens schon im Anfangsjahr erweitert: Bereits seit 2004 bieten wir auch Apfelschorle (heute: „fritz-spritz"), Apfel-Kirsch-Schorle (heute „Apfel-Kirsch-Holunder-Limonade"), Melonenbrause (heute Melonenlimo) und Zitronenlimo an. 2008 stieß noch die Orangenlimo zu dieser Familie. Seit Anfang der 2010er-Jahre ist die Familie voll auf Natur. Uns störte, dass all die bunten

Brausen auf dem Markt keine echten Zutaten enthalten und das Natürlichste daran der Zucker ist. So war an unserer Melonenbrause bis 2011 allenfalls mal eine Melone vorbeigerollt, aber es war kein Fitzelchen davon drin. Alles basierte auf künstlichen Aromastoffen.

Irgendwann wurde uns klar: Wenn wir besser und nachhaltiger werden wollen, brauchen wir authentische, natürliche Rezepturen. Deshalb haben wir 2011 künstliche Aromen und Farbstoffe aus unserem Sortiment verbannt und sind teilweise bereits in die Bio-Welt eingestiegen. Unsere langjährige Erfahrung half uns dabei sehr.

Aber die Umstellung war eine Herausforderung für viele Fans: So schmeckte unsere erste „Melonenbrause" herrlich frisch nach Melone, und ihr Grün glänzte richtiggehend in der Sonne. Die Sorte war wahnsinnig erfolgreich und beliebt. Dummerweise glänzten die Farben so schön und der Geschmack war so lecker, weil sie künstlich hergestellt waren. Also war die Sorte zwar erfolgreich, hatte aber keine authentischen echten Aromen. Deshalb stellten wir sie um auf Rohstoffe mit echtem Melonensaftkonzentrat und natürlichen Aromen, unter anderem aus der Melone, und die Farbe wurde ein Gelbgrün aus der mexikanischen Färberdistel.

Ähnlich gingen wir bei der fritz-kola kaffeebrause vor: künstlicher Kram raus, natürliche Inhalte rein. Die ersten Flaschen gingen raus – und ein Aufschrei ging durch die Reihen der Fans: „Wir wollen die schön künstliche Plörre wiederhaben!“ Also führten wir für kurze Zeit und mit einem abgewandelten Etikett mit der Submarke *fritzis Melonenkunst „schön künstlich“* die alte melonen- und kaffeebrause wieder ein. So konnten die harten Fans der alten Rezepturen sich noch ein paar Vorräte anlegen.

Ich habe damals selbst gemerkt, wie sehr mein Geschmackssinn schon an die künstlichen Aromen gewöhnt war – ich fand anfangs auch, dass die Natur-Limos etwas weniger geil schmeckten. Bis heute werde ich manchmal auf diese „geile, künstliche Melonenbrause“ angesprochen. Aber es war uns wichtig, diesen Schritt in Richtung mehr Natürlichkeit zu gehen.

In die Abteilung „authentischer und natürlicher“ gehört auch, dass wir uns in Sachen „Geschmacksharmonisierung“ von fast allen Konkurrenten unterscheiden. Die meisten Hersteller stellen den Geschmack ihrer Getränke mit künstlichen Aromastoffen her statt mit natürlichen Zutaten wie Gewürzen oder Fruchtsaft. Einer der Gründe: Sie wollen den Geschmack und die Qualität ihrer Getränke stabil halten, sich also unabhängig machen von saisonalen Schwankungen des Geschmacks von Früchten. Bei fritz verwenden wir nur Aromen und Extrakte, die direkt aus den Früchten gewonnen wurden, die auch namengebend für die Sorte sind. Unsere Fans legen großen Wert auf Authentizität und Echtheit; dem tragen wir Rechnung. Und nehmen in Kauf, dass fritz-Getränke nicht immer exakt gleich schmecken. So ist die Natur eben.

Immer wieder Veränderungen anzustoßen, betrachte ich als Aufgabe des Unternehmers. 2012 mischten wir erstmals unsere Kola und unsere Orangenlimo zu einem Kola-Mix. Die wir aber nicht so nannten, sondern dank einer genialen Idee von Lorenz „Mischmasch“.

Schon 2006 erweiterten wir unsere Kola-Linie um eine schlanke Schwester, die „fritz-kola zuckerfrei“ (heute lautet der Name „ohne Zucker“). Mit dieser Entscheidung haben wir aber lange gezögert. Eine Kola, die man wegen ihrer Wirkung und des Energie-Kicks trinkt, braucht neben dem Koffein auch Zucker. Unsere Fans, vor allem die Mädels und Jungs aus der Gastronomie, haben uns aber so lange bequatscht, dass wir dann doch eine Rezeptur entwickelt haben.

2008 gingen wir dann erstmals ein gewisses Wagnis ein. Wir hatten entschieden, unsere Getränke auch in einer kleineren Portionsflasche auf den Markt zu bringen. Der Grund war, dass wir mit unseren 0,33-Liter-Bierflaschen eine bestimmte Art von Gastronomie nicht erreichen konnten. 0,33 war perfekt für Kioske, Imbisslokale und einfache Restaurants. Aber in Bars und Lokalen, die Long-Drinks ausschenken und in denen die Gäste eine höhere Erwartung an Ambiente und Service haben, sind 0,2-Liter-Flaschen der absolute Standard. Viele Gastronomen hatten uns schon lange signalisiert, dass sie fritz-kola sofort listen würden, wenn wir 0,2-Liter-Flaschen anbieten würden. Christian Himmler, der damals rund um den Hans-Albers-Platz in St. Pauli acht Lokale führte, war gebürtiger Hamburger und fand uns und unser Produkt schon deshalb gut. Und die fritz-kola schmeckte ihm auch. Aber trotz der beharrlichen Versuche von Lorenz konnte er sich nicht entscheiden, sie in all seinen Lokalen auszuprobieren, weil es nur 0,33-Flaschen gab. Er traute sich nur einen Testlauf in zwei Bars zu, der aber auch nicht allzu viel brachte. Denn die Gäste wollen sehen, dass für ihren Long-Drink immer eine frische Portionsflasche geöffnet und verbraucht wird. Auch als Begleitgetränk zum „Fine Dining", also gehobenerer Küche, ist die kleinere Flasche üblich. Und da viele andere alkoholfreie Getränke in 0,2-Liter-Flaschen verkauft werden, hätte unsere Bierflasche das Preisgefüge durcheinandergebracht, weil sie zwangsläufig teurer hätte sein müssen als die anderen Softdrinks. Erlebnisgastronomen brauchen kleinere Flaschen, weil sie mehr Getränkeumsatz machen müssen. Der Getränkeumsatz ist eben *die* Säule der Gastronomie.

Wir hatten also erkannt, dass wir dringend eine eigene kleine fritz-kola-Flasche brauchten. Unsere Marke sollte dort präsent sein, wo Menschen einen besonderen Abend genossen und ein positives Gefühl mit unserer fritz-kola verbanden. Anders als bei den Bierflaschen wollten wir diesmal in exklusive fritz-Flaschen mit unverwechselbarem Design und unserem eingeprägten Schriftzug abfüllen. Um diese Flaschen sowie die dazugehörigen Kisten in ausreichender Menge produzieren zu lassen, brauchten wir mehr Kapital, als wir auf der hohen Kante hatten. Es ging um 160 Paletten à 56 Kisten à 24 Flaschen, also über 200 000 Flaschen auf einen Schlag allein mit fritz-kola. Aber wir brachten ja alle Sorten gleichzeitig in der 0,2-Liter-Flasche heraus – so kamen wir insgesamt auf 2,2 Millionen Flaschen.

Für dieses Vorhaben nahmen wir bei der Hamburger Sparkasse ein Darlehen von 500 000 Euro auf. Es war ein kalkuliertes Risiko – wir wussten bereits, wer die Flaschen wann produzieren, befüllen und liefern würde und waren sehr sicher, dass die Markteinführung erfolgreich wäre. Das hatten unsere Kunden und der Außendienst sehr klar signalisiert. Letztlich wussten wir, dass wir das Darlehen binnen sehr kurzer Zeit vollständig würden tilgen können – und so kam es dann auch. Dennoch atmet man ganz schön tief durch, wenn alles über die Bühne ist. Für jemanden, der fünf Jahre vorher noch Student war und gerade mal 7000 Euro Startkapital hatte, ist ein Kredit von einer halben Million schon eine ziemliche Hausnummer.

Inspiriert durch die große Carlsberg-Flasche, die mir gut

gefiel, habe ich damals die Form unserer neuen 0,2-Flasche selbst gezeichnet und mit Lorenz abgestimmt. Es war damals ein riesiges Stück Arbeit, mit unserer kleinen Mannschaft eine eigene Flasche zu entwerfen, zu finanzieren und produzieren zu lassen. Wochenlang waren wir praktisch ausschließlich damit beschäftigt.

Als der bereits erwähnte Christian Himmler die Flasche erstmals von Lorenz präsentiert bekam, sagte er: „Das ist die geilste Flasche, die ich je in der Hand hatte." Das war für uns das Signal, dass wir alles richtig gemacht hatten. Heute muss ich zugeben: Auch wenn unser Selfmade-Weg damals der authentische, fritz-typische war, wäre das Ergebnis noch besser gewesen, wenn wir mehr Expertise von außen reingeholt und andere Aspekte berücksichtigt hätten. Wie wirkt die Flasche im Kühlschrank? Sind Größe und Farbe wirklich stimmig? Als wir das Nachfolgemodell unserer 0,2-Liter-Flasche entwickelten und im Herbst 2019 auf den Markt brachten, hatten wir Leute im Unternehmen, die in solchen Dingen erfahrener waren als wir damals. Alleine unser Vertriebsleiter Chris Gröne konnte Ewigkeiten über den sogenannten „Shelf Impact" referieren. Wie also eine Flasche im Kühlschrank wirken muss und wie wir das rausfinden. Er brachte die notwendige Expertise von außen zu uns mit. Heute ist die Optik stärker an unsere 0,33 l-„Bier"flasche angelehnt – denn mit der sind wir bekannt geworden und sie wird bis heute mit uns assoziiert. Zusätzlich zeigt unsere neue Flasche etwas mehr Kante, weil wir als fritz-kola eher etwas kantiger bzw. maskuliner wirken.

2011 gelang uns ein hübscher Coup. Wir hatten die Diskussion in der EU um die Zulassung von Stevia als Süßstoff zur Reduktion von Zucker in Lebensmitteln aufmerksam verfolgt und uns auf die zu erwartende Erlaubnis vorbereitet. So konnten wir im Dezember 2011, sehr kurz nach der EU-Entscheidung, unsere Stevia-kola auf den Markt bringen. Das Rezept hatte ebenso wie das Design des Etiketts schon in der Schublade gelegen und nur auf diesen Moment gewartet. Wir wollten unbedingt die Ersten sein. Und das waren wir. Wir hätten uns dafür nicht mal so beeilen müssen. Erst über ein Jahr später ging durch die Medien, dass Coca-Cola jetzt im Testmarkt Argentinien eine mit Stevia gesüßte Cola herausbringen würde und irgendwann auch in Europa damit an den Start gehen wolle. Den Grünton unserer Stevia-kola haben sie übrigens bei ihrem Etikett sehr genau getroffen …

Wir reagierten mit einer ironischen Anzeige, in der wir Coca-Cola zu ihrer bahnbrechenden Erfindung gratulierten und dezent darauf hinwiesen, dass wir sie schon ein Jahr früher rausgebracht hätten.

Das war ein großer Spaß und sorgte für Aufmerksamkeit. Wir hatten die Lacher auf unserer Seite. Zur Ehrlichkeit gehört aber auch, dass unsere Stevia-kola nie ein Verkaufsschlager war. Wir haben sie 2020 (da hieß sie „fritz-kola weniger zucker") wieder eingestellt. Zum einen entpuppte sich das Stevia-Thema als kurzfristiger Hype, der schnell wieder verpuffte. Zum anderen ist auch in mit Stevia gesüßten Getränken Zucker enthalten; das schreckte viele ab, die sich die Befreiung vom „bösen" Zucker erhofft hatten. Letztlich hatten zu wenige Kunden Lust auf eine Kola mit weniger Zucker. Entweder voll Zucker oder eben gar keinen Zucker.

2014 gründeten wir eine neue Produktfamilie namens fritz-spritz. Zu ihr gehören drei Bio-Schorlen, nämlich Rhabarbersaftschorle, Traubensaftschorle und unsere in fritz-spritz umbenannte Apfelschorle. Ebenfalls seit 2014 füllen wir – dem Wunsch vieler Fans folgend – auch in 0,5-Liter-Flaschen mit Schraubverschluss ab: für unterwegs zum leichten Aufschrauben ohne extra Flaschenöffner und zum Wiederverschließen. Die Flaschenform passt zwar gar nicht zu unseren sonstigen fritz-kola-Flaschen, ist jedoch die einzige Standard-Pool-Flasche mit Schraubverschluss, die von unseren Kunden nach dem Austrinken unterwegs überall zurückgegeben werden kann.

anjola – eine ananas-limonade von 1952 stößt zu fritz

2010 ging im legendären Hamburger Imbiss „Bei Schorsch" die letzte Anjola-Ananaslimonade über den Tresen. Als der Kaufmann Johannes Gleske Anjola 1952 im Hamburger Stadtteil Altona entwickelte und auf den Markt brachte, konnte er die Sehnsucht der Nachkriegsdeutschen nach Exotik wunderbar bedienen. Doch die Zeiten hatten sich geändert, und so war die Produktion in Ostfriesland bereits 2008 eingestellt worden: „Nö, dat mokt wi nu nich mehr", hieß es damals – woraufhin der Imbiss-Besitzer Artur Hunger die letzten hellgrünen Kästen mit der Limonade in der einzigartigen ananasförmigen Glasflasche bunkerte. Weil die Produktionsstätte in Ostfriesland nicht „so weit" hatte liefern wollen, lieh sich Hunger gelegentlich einen Pritschenwagen von Wucherpfennig, fuhr nach Großefehn und kehrte mit 190 hellgrünen Kästen à 20 Pullen wieder zurück zum Pferdemarkt.

Aber das mit Kohlensäure versetzte Fruchtsaftgetränk erfreute sich nicht nur in der Hansestadt großer Beliebtheit. Die Fans liebten es, weil es nicht von einem Riesenkonzern produziert wurde, weil es nicht an jeder Ecke zu haben war, weil es anders schmeckte als andere – und weil man die bauchige Buddel wunderschön als Vase nutzen kann. Selbst wenn die Flasche leer war, blieb also etwas Geschmackvolles zurück.

Wir hatten die Marke Anjola schon immer interessant gefunden, kannten sie noch vom Ausgehen in den 1990er-Jahren und hatten Lust auf etwas Neues. Also sondierten wir ab 2011 mit der damaligen Eigentümerfamilie die Möglichkeit einer Übernahme, die 2013 gelang. Man könnte meinen, dass wir uns die Positionierung der neuen Marke vorher überlegt hätten. Doch wir waren durch unseren Erfolg so selbstbewusst und verwöhnt, dass wir gemeint hatten, wir könnten die Detailarbeit getrost nach der erfolgreichen Übernahme angehen. Schließlich waren wir schon zehn Jahre im Geschäft, hatten einen eigenen Außendienst, wussten, wie man Limonade produziert und waren gewiss, dass wir das hinbekommen würden. Wir wollten auf jeden Fall alles richtig machen. Nur ... was heißt richtig? Es folgte ein Lehrstück, wie man es aus meiner heutigen Sicht *nicht* machen darf. Bei fritz-kola hatten wir unbewusst einen Purpose, also eine echte Daseinsberechtigung und Bestimmung eingebaut. fritz-kola hieß von Anfang an: Aufwecken, Unabhängigkeit, sein Ding machen, nicht zu angepasst sein und sich gegen die globale Nummer eins durchsetzen. Was aber sollte bei Anjola dieser Purpose, dieser innere Zweck sein? Da saßen wir zwei Gründer, erfolgsverwöhnt und mit genügend Geld ausgestattet, aber die Erfahrungen der vergangenen Jahre ganz verschieden interpretierend – und fanden schlicht keinen gemeinsamen Ansatz für Anjola. So dokterten wir bis 2015 herum – erst dann brachten wir Anjola mit einer modernen Interpretation der Flasche und neuen Rezepturen auf den Markt – mit einer handgemachten Kola sowie vier Limos: Ingwer, Mate, Orange, Ananas. Seit dem Produktionsende 2008 waren da locker sieben Jahre vergangen. Im schnelllebigen Getränkegeschäft war die Marke weitgehend aus dem Bewusstsein verschwunden.

Wir starteten also mit der neuen Anjola und gaben ihr

alles mit, was wir damals so konnten: die Zutaten komplett bio und/oder fairtrade, die Kola-Variante tatsächlich handgemacht (die Herstellung war mega-aufwendig und hat ein Vermögen gekostet), die Fruchtsorten lecker und süß, die Mate im Büro bei allen beliebt, die Ingwer ein scharfes Gedicht von einer Limonade. In die Abfüllung, Kisten und Flaschen hatten wir einen Haufen Geld investiert – nun konnte es losgehen.

Leider zeichnete sich damals schon ab, dass Lorenz und ich als Gesellschafter und tätige Unternehmer nicht mehr zu hundert Prozent eine gemeinsame Linie fuhren und uns immer schwerer damit taten, gemeinsam gute Entscheidungen zu treffen. So startete Anjola mit einer eigenen Mannschaft für Marke und Vertrieb, was je nach Sichtweise bedeutete: ohne die Stärke unserer fritz-kola zu nutzen oder: ohne die fritz-kola-Mannschaft abzulenken.

Die Geschichte endete damit, dass wir Ende 2016 als Gesellschafter auseinandergingen und bald danach alle Sorten bis auf das Original „Anjola Ananas" einstellen mussten. Mir tat diese Entscheidung echt weh, aber nach der gravierenden Umstrukturierung im Gesellschafterkreis mussten wir uns auf die wichtigsten Themen konzentrieren – und eben weniger wichtige Sorten streichen. Unser erster Versuch, mit der Traditionsmarke Anjola wieder zu starten, war krachend gescheitert.

Mittlerweile haben wir Anjola nach einem neuen Anlauf 2020 als Marke in unserem Portfolio etablieren können. Aber es ist für mich bis heute lehrreich, dass wir 2003 mit 7000 Euro alles richtig machten und zehn Jahre später mit einem Vielfachen dieses Betrags so vieles falsch.

Wir hatten ignoriert, dass unsere Begeisterung für die Marke eher sentimentale und lokalpatriotische Gründe hatte und uns zu wenig gefragt, warum es Anjola nur noch an einem Ort in Hamburg zu kaufen gab und ob wir es wirklich schaffen könnten, den jahrelangen Niedergang der Marke umzudrehen. Wir hatten unseren Erfolg mit fritz-kola zu blauäugig hochgerechnet auf Anjola – und uns schlicht überschätzt. Es wäre wohl auch ohne unsere sich abzeichnenden Differenzen sehr schwierig gewesen, Anjola zu neuer Blüte zu führen. Das gelingt erst, seit wir uns mit einem wirklich durchdachten Konzept um die Marke kümmern. Jetzt macht Anjola uns allen erstmals wirklich Freude.

herumdoktern am relaunch

Etwa gleichzeitig mit dem Anjola-Relaunch änderte unsere GmbH ihren Namen – von „fritz-kola GmbH“ in „fritz kulturgüter GmbH“. Auf die Frage nach dem Grund dafür gibt es eine schicke Antwort und eine ehrliche. Die schicke wäre: Wir sind Kulturträger echt guter Kola und Limonade, deshalb passt der Name besser zu uns. Die ehrliche Antwort geht so: Vor dem neuen Marktauftritt von Anjola hatte sich in unseren Köpfen der Gedanke festgesetzt, dass wir es der neuen Marke und ihrer eigenständigen Wahrnehmung schwermachen würden, wenn der „Absender“ fritz-kola hieß. Also benannten wir unsere GmbH im September 2014 um. Im Nachhinein gesehen war das völlig überflüssig – und hat viel Arbeitszeit und damit Geld verbrannt. Unsere direkten Kunden wussten ja ohnehin, dass Anjola aus demselben Haus kam wie fritz-kola; sie mussten sie ja bei uns bestellen. Und die Konsumenten interessierte es herzlich wenig, wer die Limo unters Volk brachte, die sie da tranken.

Wir waren Opfer unseres Binnenblicks, der in Unternehmen und Institutionen typisch ist. Man sitzt in einer Blase und macht sich Gedanken, die draußen niemand nachvollziehen kann – oder man sieht umgekehrt Dinge nicht, die draußen jeder sieht. Deshalb ist es wichtig, bei teuren Innovationen und Umetikettierungen ausreichend sogenannte „Hausfrauentests“ zu machen, also Menschen zu fragen, die nichts von den komplizierten und manchmal abwegigen Gedanken innerhalb der Firma wissen und einfach nur auf das reagieren, was sie sehen.

Seit 2016 nimmt die Vielfalt bei uns – ebenso wie bei anderen, teilweise neu auf den Markt drängenden Limonadenherstellern – rasant zu. Die Kunden können unter ständig neuen Sorten wählen – auch wenn der Handel unter der Vielzahl von Produkten stöhnt. Weitere Innovationen in unserem Sortiment waren 2016 der Mate-Tee fritz-mate und 2018 fritz-kola bio mit Zutaten aus biologischem Anbau. Und wir lernten immer weiter dazu. Als wir loslegten, war mir nicht bewusst, wie stark das Geschmacksempfinden durch Optik und Haptik beeinflusst wird. Deshalb legen wir heute so viel Wert auf schicke, gut designte Flaschen. Und man schmeckt auch, was man auf dem Etikett sieht. Eine rote Beere ist reif und süß, eine grüne eher sauer und erfrischend. So ticken wir alle, weil wir es gelernt haben als Konsumenten. Die Lebensmittelbranche basiert zu einem nicht geringen Anteil auf Psychologie.

Unsere internen Strukturen wurden immer arbeitsteiliger und professioneller. Was viele Jahre lang auf Zuruf funktionierte und oft improvisiert wurde, muss heute in regelmäßigen Runden und Jour fixes besprochen, protokolliert und gemäß dem vereinbarten Plan umgesetzt werden – von denen, die dafür zuständig sind. Anders geht es nicht bei so vielen fritzen.

Die Kunst besteht darin, trotz Arbeitsteilung und Strukturierung nicht schwerfällig zu werden. Es ist zwar fast schon eine Regel, dass Unternehmen umso behördenhafter werden, je größer sie sind. Viele große Firmen sind in viel zu hohem Maße mit Selbstverwaltung beschäftigt, anstatt produktiv und kreativ zu sein – aber man kann gegensteuern. Zum Beispiel, indem man sich immer wieder bewusst macht, worum es wirklich geht. Was ist wichtig und was müssen wir machen? Was ist nicht wichtig und kann weg? Dies ist eine Übung, die Menschen mit vielen kreativen Ideen vielleicht eher schwerfällt. Mir zum Beispiel. Da kann es helfen, wenn jemand im Team bewusst nüchterner aufs Ganze schaut. In meinem Fall übernimmt das gerne mein Mitgeschäftsführer Winfried Rübsam, der 2017 als Externer mit viel Erfahrung zu uns gestoßen ist. Ihm ist zu verdanken, dass aus dem wilden Haufen ein gut strukturiertes Unternehmen geworden ist.

Gegen das Naturgesetz, dass der 300. Mitarbeiter das Unternehmen relativ gesehen weniger stark nach vorne bringt als ganz zu Anfang der dritte, kann man aber wenig tun. Umgekehrt ist es zu einfach, „klein" automatisch für besser zu halten. Ich werde das manchmal gefragt mit Hinweis auf die vielen Kleinproduzenten, die Kaffee aus Hausröstereien anbieten oder Bier aus der Craft-Brauerei im Viertel. Und natürlich *kann* klein besser sein, weil man flexibler ist und individueller sein kann. Aber das ist kein Automatismus. Größe hat auch Vorteile – etwa die Chance, am Markt durchzudringen und die Konditionen mitzubestimmen. Größe heißt, genug Geld zu verdienen, um unabhängig zu sein und in schwierigen Verhandlungssituationen nicht schnell nachgeben zu müssen – etwa wenn sehr große Abnehmer mit Auslistung drohen, um Preisnachlässe durchzusetzen. Dann hart zu bleiben und Nein zu sagen, würde für ein kleineres Unternehmen als unseres vermutlich schnell existenzbedrohend. Uns hilft Größe, unser Ding zu machen und am Markt zu bestehen. Zum Beispiel, das bei uns hochpriorisierte Thema Glasmehrweg wirklich voranzubringen. Nach Aussage unserer Glashütten, die für uns die Flaschen produzieren, bringt momentan fast niemand so viele „Ale-Longnecks“, also 0,33 l-Mehrweg-Bierflaschen aus Weißglas, in Verkehr wie wir. Wir sind als Marke für Konsumenten und Wiederverkäufer so attraktiv, dass wir aktiv nachgefragt werden. Als eine Supermarktkette in den Niederlanden fritz-kola nur listen wollte, wenn wir in Einweg-Glasflaschen liefern, haben wir das abgelehnt mit dem Hinweis, dass wir nur Mehrweg anbieten. Inzwischen hat uns eine andere Kette gelistet – mit Glasmehrweg. Wir konnten es uns leisten, zu warten, bis jemand den umweltbewussten Verbrauchern dort ein attraktives Angebot machen wollte.

Und ganz generell hilft uns unsere Größe dabei, uns zu gesellschaftlich relevanten Fragen zu Wort zu melden und mit unserer Haltung durchzudringen. Wir können in bewegten Zeiten Orientierung geben – etwa, indem wir uns mit klarer Kante gegen Fremdenfeindlichkeit wenden und klarmachen, dass eine solche Einstellung nicht okay ist.

Aber natürlich denke ich oft darüber nach, was die ideale Größe und Struktur eines Unternehmens wäre. Es ist wünschenswert, dass die Leute, die miteinander arbeiten, sich kennen und einander verbunden fühlen. Und der regelmäßige und selbstverständliche Kontakt zu den Vorgesetzten darf nicht abbrechen weil diese womöglich den Überblick verlieren über ihre Mitarbeiterschar. Denn solche Begegnungen motivieren beide Seiten und bestätigen alle darin, dass sie ein gemeinsames Ziel verfolgen. Nun könnte man auf die scheinbar einfache Lösung verfallen, Unternehmenseinheiten immer dann zu teilen, wenn die Belegschaft auf, sagen wir, mehr als hundert Köpfe gewachsen ist. Aber so einfach ist es nicht – denn dann geht schnell die zentrale Unternehmensidee und -kultur verloren. Das Zusammengehörigkeitsgefühl, das aus dieser zentralen Identität entsteht, ist aber elementar für die Zufriedenheit der Mitarbeiter und damit für den Unternehmenserfolg.

Aber ganz ehrlich: Hätten Lorenz und ich 2003 mithilfe einer Zeitreise das fritz-kola-Unternehmen von heute besuchen können, hätten wir vielleicht gesagt: So „kompliziert" wollen wir niemals arbeiten. Denn natürlich dauern Abstimmungsprozesse heute wesentlich länger als noch vor zehn

Jahren. Dafür ist jedoch die Arbeitsqualität höher und es fallen weniger Überstunden an.

Und auch über die Form des Unternehmens denke ich immer wieder mal nach. Unternehmensgröße und -struktur sind Teil interner Debatten über die Frage: Wie organisieren wir uns richtig und der aktuellen Situation angemessen? Solche grundsätzlichen Diskussionen sind belebend und halten uns wach. Natürlich nicht als nerviges Dauerthema, bei dem man sich immer nur im Kreis dreht – aber tabuisieren sollte man solche „großen" Fragen nicht.

So habe ich mich im Rahmen des Ausscheidens von Lorenz 2017 und meiner Suche nach neuen Mitgesellschaftern auch mit dem Thema Börsengang beschäftigt. Ich bin aber zum Ergebnis gekommen, dass ein solcher Schritt und die nachfolgende Abhängigkeit von anonymen Anlegern nicht zu unserer Kultur und unserem Selbstverständnis passen würden – spannender ist es, nach wie vor eine echte „Indie-Brand" zu sein und unser Ding durchzuziehen. So können wir heute den Spagat wagen zwischen fritzen, die schon lange bei uns sind und mit uns mitwachsen auf der einen Seite, und neuen fritzen, die uns mit anderen Erfahrungen und neuen Impulsen voranbringen. Natürlich müssen wir auch abseits der Börse profitabel sein, brauchen aber nicht von Quartalsbericht zu Quartalsbericht hoppeln und können unserer langen Linie folgen.

Für einen ersten Professionalisierungsschritt, nämlich die Verankerung der Buchhaltung im Unternehmen, steht Rabea Haase, die 2010 als Buchhalterin die Aufgaben von unserer externen Steuerberaterin übernahm. Als wir sie 2010 einstellten, hatten wir uns vorher bewusst gemacht, dass es diesmal nicht vorrangig um eine „fritz-kompatible DNA“ ging, sondern um die fachliche Eignung. Und die brachte sie zweifellos mit: Sie war sowohl ausgebildete Steuerfachgehilfin als auch Buchhalterin. Dass Rabea nicht direkt zur (feierfreudigen) Zielgruppe von fritz gehörte, sahen wir als Pluspunkt. Eine Buchhalterin sollte die Dinge nüchtern sehen. Dass sie sich dann auch menschlich als Bereicherung entpuppte, war ein zusätzlicher Glücksfall.

Ausgeschrieben hatten wir eine volle Stelle. Rabea wollte aber parallel zur Arbeit bei uns ihr BWL-Studium bis zum Diplom weiterführen und dieses im Zweifel sogar vorrangig behandeln. Ich bin der Meinung, dass man als Arbeitgeber in solchen Fällen flexibel sein sollte. **Wenn man überzeugt ist, die ideale Person einzustellen, ist Großzügigkeit bei individuellen Wünschen die richtige Haltung.** Man bekommt sie in Form von Engagement und Loyalität zurück.

Als Rabea Haase bei uns in der Liebigstraße andockte, verteilten sich die wenigen Mitarbeiter auf den Großraum und das Lager, wie sie sich erinnert:

Lorenz und Mirco hatten je ein durch Glaswände abgetrenn-

tes Büro am Rand des großen Raums. Lorenz hatte eines seiner Fenster mit einer Jalousie blickdicht gemacht. Dennoch signalisierte die ganze Raumsituation vor allem Offenheit und Transparenz. Außer bei mir. Mein ‚Büro' war auf der einen Seite von Lorenz' Glasscheibe mit Jalousie begrenzt. Vor mir war eine Schrankrückwand, rechts neben mir das Fenster, sodass es nur einen Zugang zu meinem Schreibtisch gab. Dieser war halb mit einem weiteren Schrank und zusätzlich noch mit zwei Zimmerpalmen zugestellt, zwischen denen ich jeden Morgen durchschlüpfte, um zu meinem Arbeitsplatz zu gelangen. Diese spezielle Raumarchitektur sollte gewährleisten, dass niemand einen unbefugten Blick auf die Unterlagen auf meinem Tisch oder auf meinen Bildschirm werfen konnte. Es wurde auch allen Kollegen eingeschärft, dass niemand sich meinem Schreibtisch nähern durfte, wenn ich nicht da war. Selbst während kurzer Abwesenheit durften keinerlei Unterlagen offen herumliegen. Denn Mirco und Lorenz legten größten Wert auf Diskretion, was unsere Zahlen anging. Umsätze, Gewinne, Konditionen, später sogar die konkrete Mitarbeiterzahl – alles war geheim. Kein Außenstehender sollte anhand unserer Zahlen Rückschlüsse auf Geschäftsbeziehungen ziehen oder Konditionen drücken können. Abgesehen davon war die Atmosphäre aber sehr locker. Es gab keine oder nur sehr flache Hierarchien; wenn die Chefs im Büro und nicht (wie meistens) draußen waren, um Geschäftsbeziehungen zu pflegen oder neu aufzubauen, konnte jede(r) sie unkompliziert ansprechen. Zum Konzept ge-

hörte auch Vertrauensarbeitszeit. Was bedeutete, dass Überstunden als „freiwilliges Engagement“ betrachtet wurden. War man zu üblichen Arbeitszeiten nicht im Büro, musste man das vorher mit Mirco oder Lorenz absprechen und dann war es auch okay.

Jeden Freitag gab es ein gemeinsames Frühstück, das zugleich ein formloses Firmenmeeting war. Die Chefs und die Vertriebler waren mit dabei und es wurden alle relevanten Themen und Neuigkeiten besprochen. Gemeinschaftliche Aktionen waren typisch für die frühen fritz-Jahre. Anlässlich der Verleihung des Gründerpreises 2010 haben wir zum Beispiel eine „Goldene kola“ hergestellt: Alle verfügbaren Mitarbeiter saßen im Büro und klebten goldene Etiketten von Hand auf die 0,2-kola-Flaschen. Auch Aktionen wie das Frankieren von Weihnachtsgrüßen oder Infoschreiben liefen oft gemeinsam. Dieser Atmosphäre weine ich schon mit einem Auge nach.

An meiner eigenen Abteilung konnte ich gut sehen, wie rasant das Unternehmen in den folgenden Jahren wuchs. Irgendwann wurde ich durch eine Zeitarbeitsmitarbeiterin entlastet; die war so gut, dass sie übernommen wurde und bis heute bei fritz arbeitet. Als ich 2018 in Elternzeit ging, war ich im Finanz- und Rechnungswesen für sechs Leute zuständig.

Hier muss ich noch etwas ergänzen: Unsere Neigung zur Transparenz bei den Geschäftszahlen war in der Tat nie sehr groß. Ein paar Gründe hat Rabea genannt. Ich halte heute Transparenz von Geschäftszahlen und Prozessen nach innen

für absolut wichtig. Aus meiner Erfahrung weiß ich aber auch, dass es gegenüber Marktbegleitern und anderen Teilnehmern in der Getränkewelt mit einem Hang zu großen Drohkulissen durchaus sinnvoll ist, seine Zahlen nicht nach außen zu tragen.

Außerdem ist es schade, wenn sich beim Sprechen über Unternehmen der Fokus vom Produkt aufs Geld verschiebt und man nur noch betriebswirtschaftliche Kennziffern vergleicht, anstatt zu schauen, was das Unternehmen eigentlich macht, also unternimmt. Lieber nutzen wir die Aufmerksamkeit, über unsere Kola und Limonade zu sprechen als über unsere Zahlen.

Zum Thema Überstunden: Während wir da in den Anfangsjahren durchaus von unserer Start-up-Kultur profitierten, also alle arbeiten etwas mehr und können sich mehr ausprobieren als sonst üblich, haben wir heute unsere Arbeitsstunden im Blick. Dazu gehört die Kultivierung einer Atmosphäre, in der niemand Angst haben muss, eine Überlastung anzusprechen. In der Regel sind geschäftliche E-Mails und Telefonate abends und am Wochenende tabu.

Aus heutiger Sicht hat eine gut gelebte Vertrauensarbeitszeit und der Mix aus Arbeiten im Büro und von zu Hause echte Vorteile, weil alle Beteiligten flexibler Arbeit, Familie und Freizeit verbinden können. Die andauernden Erfahrungen der Corona-Pandemie mit ausschließlicher Arbeit von zu

Hause statt im Büro haben uns bis jetzt viel gelehrt. So ist die Bedeutung von Arbeit in Präsenzkultur gesunken. Dafür gibt es mehr Austausch darüber, welche Arbeit bis wann machbar ist, welche Aufgaben haben Priorität und welche können warten. Wie schützt man sich und andere vor einer völligen Entgrenzung der Arbeit bis zum Burn-out, wenn man auch 24/7 arbeiten kann, weil man dafür nicht mehr ins Büro fahren muss? Wie arbeiten Teams zusammen, die sich nur noch am Bildschirm sehen? Stand heute vermute ich, dass Post-Corona ein hohes Maß an Vertrauensarbeitszeit und Flexibilität bei der Wahl der Präsenzzeit im Büro bleiben wird.

Viele haben schätzen gelernt, private Termine, Familienangelegenheiten und Arbeit mit mehr Flexibilität besser unter einen Hut zu bekommen. Gleichzeitig halten alle Beteiligten eine gewisse Unschärfe bei der exakten Arbeitszeit aus und müssen darauf achten, dass weder Arbeitgeber noch Arbeitnehmer übervorteilt werden.

Solange wir den gegenwärtigen Arbeitskräftemangel haben, besteht aus meiner Sicht jedoch wenig Gefahr, dass Menschen aus Angst um ihren Job oder gezwungenermaßen zu viel arbeiten. Es gibt genug Unternehmen, die nach Leuten suchen und ihre offenen Stellen besetzen wollen.

Spannend wird es, wenn sich die Lage am Arbeitsmarkt mal wieder dreht und mehr Arbeitskraft angeboten wird, als abgenommen werden kann.

Ganz sicher arbeiten viele Start-up-Mitarbeiter in den ersten Jahren mehr und unregelmäßiger, als im Arbeitsvertrag vorgesehen, und vielleicht auch für überschaubarere Gehälter. Wer dazu Lust hat, bekommt in erster Linie Entwicklungsmöglichkeiten, Karrierechancen und ein eher breites Feld an Aufgaben. Die noch flachen Hierarchien ermöglichen, schnell Verantwortung zu übernehmen und viel zu lernen. Was sich dann im nächsten Job – möglicherweise in einem Konzern – im wahrsten Sinne des Wortes auszahlt. Auch bei uns ist diese Strategie zu beobachten. Junge Leute heuern ganz bewusst nur für ein paar Jahre bei fritz-kola an, arbeiten viel und lernen viel – und ziehen dann weiter. In Start-ups sind Gründer und Mitarbeiter, egal ob Frauen oder Männer, oft ziemlich jung und haben selten bereits Familie. Meistens identifizieren sie sich sehr stark mit dem Unternehmen und seinen Produkten und würden sich durch eine verordnete Nine-to-five-Mentalität eher eingeschränkt als beschützt fühlen.

Ein typischer Prozess im Zuge des Wachstums war die Entstehung unseres Einkaufsmanagements.

2014 oder 2015 unterhielt sich unser damaliger Vertriebsleiter für Deutschland, Österreich und die Schweiz, Juan Gravalos, während einer Messe mit dem bereits mehrfach erwähnten Peter, der inzwischen Key-Account-Manager bei seiner Firma war. Es ging um die immer wieder mal auftretenden Engpässe und Organisationslücken, die die Produktion häufig bremsten. Peter sagte: „Was ihr braucht, ist ein Supply Management – jemanden aus der Getränkeindustrie, der euch hilft, euer Warenwirtschaftssystem zu organisieren und richtig einzusetzen." Worauf Juan antwortete: „Mach du das doch!" Und so kam Peter zu fritz und leitete von 2015 bis 2019 die neue Abteilung Einkauf. Das Team ist dafür verantwortlich, dass die richtigen Dinge zur richtigen Zeit in der richtigen Qualität am richtigen Ort sind. Sie sorgen also für Rohstoffe, Flaschen, Kästen, Etiketten und Abfüllkapazitäten. Außerdem sind sie für die Qualitätssicherung zuständig, was vorher irgendwie alle und keiner gemacht haben. Die sogenannte „supply chain", also die Lieferkette für die reibungslose Produktion sicherzustellen, war und ist wegen des dynamischen Wachstums immer eine Riesenherausforderung. Wir stellten immer mehr „Koffex", also fritzen im Verkauf ein, dass die Abfüllbetriebe manchmal Mühe hatten hinterherzukommen. Das war kein Problem des Geldes, sondern der Ressourcen, die nicht schnell genug mitwuchsen. Im Kleinen war es so wie bei Tesla heute: Es wollen mehr Leute das Produkt haben, als kurzfristig beliefert werden können. Natürlich ist so eine Situation schöner als die umgekehrte – aber sie stresst trotzdem.

der kreislauf von mehrwegflaschen

Pools und Pfandschlupf

Aus ökologischen und logistischen Gründen sollten leere Flaschen keine zu langen Wege zurücklegen müssen. Deshalb ist es sinnvoll, dass es einheitliche Flaschen für unterschiedliche Getränke gibt: Diese können in sogenannten „offenen Pools“ zwischen verschiedenen Herstellern und Kunden unterwegs sein, dann wird der Pool nicht „gemanagt“, also verwaltet, und jeder macht, was er will. Dieses Vorgehen wird von uns und den meisten Bierbrauereien gelebt. Alternativ tun sich verschiedene Getränkehersteller zusammen und verwalten einen „geschlossenen Pool“ an Einheitsflaschen gemeinsam, wie bspw. die „Genossenschaft Deutscher Brunnen“ mit ihren Mineralwasserflaschen oder der Verband der Fruchtsaftindustrie mit ihren 1-l-Fruchtsaftflaschen (in Österreich AF-Flaschen). Dabei ist es egal, ob eine Flasche wieder genau dort landet, wo sie beim letzten Mal befüllt wurde, oder woanders. Man sieht das beim Zurückgeben von Flaschen im Getränkemarkt: Flaschen stehen nicht sortenrein in ihren Kästen, sondern Bionade steht bei fritz – alles sind weiße 0,33-Liter-Flaschen. Wenn vor dem Befüllen die Etiketten abgewaschen werden, sind diese Flaschen wieder neutral. Nach dem Befüllen erhalten die Flaschen dann neue Markenetiketten und gehen dann wieder raus zu Kunden und Konsumenten.

Anders ist es bei „Individualflaschen“, die nur von einem Getränkehersteller genutzt werden und immer wieder zum ursprünglichen Abfüllbetrieb zurückkehren müssen. Der Vorteil dieser Flaschen liegt in der höheren Individualisierbarkeit, die eigene Marke kann stärker visualisiert werden. Der Nachteil liegt in den längeren Transportwegen, weil diese eben zur eigenen Abfüllung zurückmüssen und nicht von anderen Herstellern gewaschen und befüllt werden können. Das gilt zum Beispiel für unsere 0,2-Liter-fritz-kola-Flaschen für unsere Kunden in der Gastronomie. Diese nutzen nur wir, weil „fritz-kola“ zusätzlich ins Glas eingeprägt ist. Wir verhindern die normalerweise notwendigen, längeren Transportwege für Individualflaschen durch unser Netzwerk an lokalen Abfüllbetrieben. Somit haben alle unsere Glasmehrwegflaschen einen kurzen Weg zum Genuss und zurück zu uns.

Wer sich also mit nur einem Abfüllstandort in den Getränkemarkt begibt, tut gut daran, sich einem „Flaschenpool“ bzw. „Leergutpool“, also Flasche und Kiste, anzuschließen und seinen Getränken somit einen kurzen und klimaschonenden Transportweg zu gönnen.

Mit der Einführung des Pflichtpfands Einweg-Getränkepackungen in Deutschland 2003 entwickelte sich für Getränkehersteller eine neue, ungeplante Einkommensquelle

namens „Pfandschlupf". Das ist der Gewinn, den Getränkehersteller daraus ziehen, dass sie zwar für jede verkaufte Flasche Pfand einnehmen, aber nicht alle Flaschen zurückgebracht werden. Jede Flasche, die weggeworfen wird und nicht zurückkommt, bedeutet Pfandschlupf-Gewinn für den Verkäufer.

Diesen Pfandschlupf gibt es bei Glas-Mehrwegflaschen bzw „Poolflaschen" wie oben beschrieben und bei Einwegflaschen, die in der Regel aus Plastik bestehen. Der Unterschied ist, dass sich der Pfandsatz von Glas-Mehrwegflaschen traditionell an den Herstellungskosten einer Glasflasche orientiert und eher niedriger ist, während (Plastik-)Einwegflaschen einen festgelegten Pfandsatz von 0,25 EUR je Flasche haben. Dieser liegt deutlich über den Herstellungskosten der Flaschen. Daher ist der sogenannte „Pfandschlupf" auf Einwegflaschen viel höher als bei Mehrwegflaschen und mitunter sehr lukrativ.

Böse Zungen behaupten manchmal, dass Discounter bei ihren selbst produzierten Limonaden und Wasser-Eigenmarken, die in Einweg-Plastikflaschen verkauft werden und einen Pfandsatz von jeweils 0,25 EUR haben, mehr Gewinn mit dem Pfandschlupf erzielen als mit dem Inhalt der Flaschen. Das ist vielleicht übertrieben, aber nicht völlig abwegig.

pannen, krisen und fehler

Es gibt kein Unternehmen ohne Pannen und auch handfeste Krisen. Ohne sie wäre die Unternehmensgeschichte unvollständig und unglaubwürdig. Würde ich behaupten, es sei immer alles tiptop gelaufen und habe nie ernsthafte Probleme gegeben, würde das bedeuten, dass in unserer Firma keine Menschen, sondern nur Roboter beschäftigt sind.

Es gibt wohl keine Unternehmer, die ernsthaft behaupten, sie hätten noch nie Fehler gemacht oder noch keine Krisen erlebt. Der Beruf der Unternehmerin oder des Unternehmers bedingt ein höheres Maß an Risikofreude und dem Drang, Dinge zu unternehmen – die Gefahr zu scheitern oder Fehler zu begehen und in Krisen zu geraten, sind eingepreist. Somit sind Fehler und Krisen ein Teil der Job-Beschreibung. Auf einem Unternehmertreffen erzählte mir ein Unternehmer denn auch, nur „in schwerer See“ würde man zum Unternehmer“. Da ist vielleicht etwas dran.

Pannen hingegen sind die Vorfälle, über die man im Nachhinein grinsen kann und die zum Anekdotenschatz für den geselligen Teil von Konferenzen gehören. Aber im Moment, in dem sie passieren, können sie einem schon mal kurz den kalten Schweiß auf die Stirn treiben. So wie 2008 der Unfall eines Lkw mit unserem Leergut auf der A7 – zum

Glück ohne Personenschaden, aber mit viel Glas auf der Fahrbahn. Das war Pfandschlupf mal umgekehrt.

Zum Thema Autobahn gehören auch einige Touren aus unserem ersten Jahr 2003. Irgendwann hatte ich von meinem Vater einen Anhänger ausgeliehen, der war viel größer als mein alter VW-Bulli, der ihn zog. Voll beladen erst mit Leergut auf dem Weg zur Brauerei, dann später mit frisch befüllten Kola-Kästen, war mein Bulli-Anhänger viel zu schwer. Und so quälten wir uns ein paar Mal im zweiten Gang erst durchs Weserbergland, später mit 30 Stundenkilometern durch die Tiefen des Hamburger Elbtunnels. Hinter meinem Gespann werden andere Autofahrer laut geflucht haben. Sorry. Nach dieser Tour haben wir dann immer einen 7,5-Tonner gemietet, um die Kisten abzuholen.

2008 war unser Jahr. Wir waren schon sehr stolz, endlich unsere ganz eigene fritz-kola-Flasche zu haben. Nach einem längeren Prozess für Design, technische Anpassungen in der Abfüllung und der Aufnahme unseres ersten Kredits war es nun so weit. Eine riesige Lagerhalle mit unseren neuen, fancy 0,2-Liter-Super-Gastroflaschen fritz-kola und fritz-limo stand voll. Wir hatten locker die ganze geplante Jahresmenge produziert und finanziert. Überschlägig hatten wir ermittelt, wie viel wir realistischerweise wohl verkaufen könnten. Wie viele unserer Bar- und Restaurantkunden würden wohl von der großen 0,33-Liter-Flasche auf diese exklusive Gastronomieflasche umstellen? Wie viele neue Kunden könnten wir dazugewinnen?

Die feierliche Präsentation für die Öffentlichkeit fand auf der Internorga statt, der großen deutschen Gastronomiemesse in Hamburg. Meine Studienfreundin Lydia, die schon sehr gewissenhaft meine Abschlussarbeit korrekturgelesen hat, besuchte uns auf dem Stand. Neugierig und lässig fritz-kola nippend, begutachtete sie unsere Flaschen. „Du, Mirco“, holte sie mich zu sich ran, „warum steht bei der ‚fritz-kola zuckerfrei‘ in der Zutatenliste hinter Wasser Zucker?“

Vor Schreck wäre ich am liebsten umgekippt. Ich schnappte mir die Flasche und las selbst: Auf dem Etikett der neuen 0,2-Liter-fritz-kola zuckerfrei wurde als Zutat tatsächlich Zucker aufgeführt. Ich öffnete eine Flasche und probierte die Kola. Das Rezept war eindeutig ohne Zucker und mit Süßstoff gesüßt. Der Fehlerteufel hatte also nur beim Druck der Etiketten zugeschlagen, nicht bei der Abfüllung des Produkts. Zum Glück. Aber wie hatte das passieren können? Endlos waren die Etiketten vor dem Drucken zwischen den Grafikern und uns hin- und hergegangen. X-Mal hatten wir alles gecheckt und trotzdem passiert uns ausgerechnet dieser Lapsus. Das ist die Sorte Fehler, die man echt nicht gebrauchen kann.

2008 lief aber sonst ganz gut für uns. Viele Menschen wollten unsere Kola haben, wir wurden zusätzlich in einer

Reihe von Supermärkten eingelistet. Für uns bedeutete das erst mal, dass wir für jede zusätzlich gelistete Kiste fritz-kola in einem Supermarkt überschlägig eine weitere Kiste im dazwischengeschalteten Getränkefachhandel und circa eine weitere Kiste für unsere Lagerhaltung und Produktion vorhalten mussten. Also fast drei Mehrwegkisten, 3 mal 24 leere Mehrwegflaschen, 3 mal Abfüllung und Rohstoffe einkaufen und finanzieren, um eine weitere Kiste im Supermarkt zu haben. Uff, aber mit dem gerade aufgenommenen Kredit wollten wir nicht noch mal zur lokalen Sparkasse laufen und noch mehr Geld leihen.

So ersannen wir die Idee, vorübergehend unsere 0,33-Liter-Mehrwegflaschen in Kartons packen zu lassen und diese an die Supermärkte zu liefern, da dort die Flaschen üblicherweise eh in kleineren Mengen gekauft wurden. Beim Abfüllbetrieb stand eine Maschine zum Verpacken in Kartons rum, unsere Mengen in den jeweiligen Supermärkten waren eher homöopathisch, also würden die zurückkehrenden, leeren Flaschen bei anderen Herstellern in die Kisten passen und wir würden Zeit gewinnen, um weitere, richtige Mehrwegkisten zu kaufen und zu finanzieren. Zu der Zeit wurden wir eher als Einzelflasche oder als Sixpack, weniger als ganze Kiste gekauft. Aus Sicht der einzelnen Kunden wäre Karton oder Kiste Jacke wie Hose.

Die Lieferung mit den Kartons ging dann aber doch

gründlich schief. Der Getränkehandel akzeptierte die Kartons partout nicht und bestand darauf, dass wir die Ware in Kisten lieferten. Die vielen neuen Supermärkte selbst zu beliefern, wie noch wenige Jahre zuvor, war auch keine Option mehr. Dafür waren wir schon zu groß. Stöhn. Gefangen zwischen „zu klein“, mal eben neue Finanzierungen zu stemmen, und „zu groß“, halt selbst auszuliefern.

Also eben doch noch mal alle Zahlen zusammenkramen und ab zur Bank, nach Geld fragen. Ich hatte damals den Eindruck, dass es uns nützte, direkt vom ersten Tag an alle Zahlen von einer Steuerberaterin in ordentliche Gewinn- und Verlustrechnungen und Bilanzen statt in eine vereinfachte „Einnahmen-Überschussrechnung“ pflegen zu lassen. Das war aufwendiger und teurer, aber bei Gesprächen mit der Bank konnten wir immer gute und plausible Zahlen vorweisen. So konnten wir zusätzlich eine weitere Finanzierung für einen Schwung Mehrwegkisten auf die Beine stellen. So verloren wir zwar einige Wochen Zeit (und etwas Umsatz), aber wir bekamen neue Kisten auf den Hof geliefert. Nun also schnell alle „Jungs und Deerns“ von fritz zur „Lager-Olympiade“ zusammentrommeln, also alle aus Büro und Verkauf, ab ins Lager und über Tage die Kartons mit den Kola-Flaschen vorsichtig aufreißen, die Flaschen in die Kisten umpacken und die Kartons zusammenfalten. Letztere haben wir noch jahrelang als Versandkartons für Werbemittel, Musterware und so weiter verwendet. Sie waren also nicht ganz vergeblich bestellt.

Über einige ebenfalls ernste Krisen habe ich bereits unter dem Stichwort „Nachahmer" berichtet. In zwei Fällen waren das ja Doppelkrisen: Der Partner entpuppte sich unversehens als Wettbewerber; und damit fiel über Nacht ein wichtiger Distributeur weg. Wir hatten also plötzlich ein Konkurrenzprodukt mehr und zugleich einen wichtigen Vertriebskanal weniger. Das haute schon ganz schön rein jedes Mal.

Schnell und gründlich reagieren mussten wir auch, als wir mitbekamen, dass einer unserer freiberuflichen Außendienstler einem Premium-Cola-Kunden angeboten hatte, ihm für den Preis jeder bisher bezogenen Premium-Cola-Kiste zwei Kisten fritz-kola zu liefern. Mit solchen Versuchen die Konkurrenz zu verdrängen, entsprach nicht unserer Philosophie. Wir haben solche Praktiken dann konsequent und für alle verbindlich untersagt. Dennoch blieb in der Branche etwas davon hängen und schadete dem Ruf von fritz-kola.

Eine vergleichsweise neue Art von Krisen sind Shitstorms in den sozialen Medien. Sowohl wahre als auch überzogene oder völlig falsche Vorwürfe können sich durch die Multiplikationsgeschwindigkeit und die Erregungsbereitschaft im Internet schnell zu einer riesigen Welle aufbauen, auf die man kaum noch rational und ruhig reagieren kann. Ich kann mich vor allem an zwei Shitstorms erinnern, die die gesellschaft-

liche Haltung von fritz-kola berührten. Der erste drehte sich um die Südtiroler Deutschrock-Band „Frei.Wild“. Die Band wird mitunter für ihre heimatverehrenden Texte kritisiert. Gleichzeitig ist sie derart erfolgreich, dass ihre CDs in den 2020ern erfolgreich in den deutschen Albumcharts gelistet sind und ihre Auftritte Arenen füllen. Auf jeden Fall polarisiert die Band sehr stark und weiß diese Aufmerksamkeit geschickt für sich zu nutzen. Bei fritz kannte niemand die Band oder war mit deren Stilrichtung vertraut. Immer-

hin liegt Südtirol 12 Autostunden von Hamburg entfernt; aber merke: Auch schlechte PR ist gute PR. Am Ende der Geschichte kannte auch der letzte Hamburger die österreichische Band.

Aber der Reihe nach: Der bereits erwähnte Christian Himmler („Himmy") betrieb am Hans-Albers-Platz, nahe der Reeperbahn auf St. Pauli, zwei hintereinanderliegende Räume als eigenständige Lokale: vorne, zum Platz hin, die von uns unabhängige „fritz-bar". Wir waren in dieser Bar logischerweise prominent vertreten, aber nicht am Umsatz beteiligt und hatten auch keinen Einfluss auf das Programm. Dahinter, verbunden durch einen Flur, war der „Platzhirsch" – eine Eventlocation, die man für Konzerte und Veranstaltungen wie z. B. Plattenpräsentationen mieten konnte. Das Einzige, was sie gemeinsam hatten, war ein Flur, über den man sowohl in den einen als auch in den anderen Raum gelangen konnte, sowie den Pächter.

Davon, dass Himmy 2015 eine Anfrage der Band „Frei. Wild" bekam, die den „Platzhirsch" für ein „Meet&Greet-Konzert" für treue Fans mieten wollte, wussten wir nichts. Wieso hätte er uns auch erzählen sollen, an wen er einen Raum vermietete, der nichts mit der „fritz-bar" und erst recht nichts mit fritz-kola zu tun hatte? Himmy wusste um die Diskussionen über die Band – und obwohl er sie trotz ihres Kokettierens mit deutschtümelnd-völkischen Elementen nicht nazistisch fand, ging er (vermeintlich) auf Nummer sicher: Er gab einigen seiner Leute, auch solchen mit Migrationshintergrund, eine Frei.Wild-CD und fragte sie. Ist das für euch eine rechtsradikale Band? Nein, hörte er. Das sei ganz normaler Deutschrock. Müsse man nicht mögen, aber dies sei ja ein freies Land. Himmy unterschrieb den Mietvertrag mit der Band.

Dann ging es auf Facebook los. Ein dicker Post „Frei.Wild aus dem Kiez jagen – keine Bühne für Nationalisten auf St. Pauli“ und was wir eigentlich dazu sagen würden, dass Frei.Wild „in der fritz-bar/Platzhirsch auftreten“? Ohne unser Zutun standen wir im Fokus dieser Diskussion, der Stein war ins Rollen gebracht. Auf unserer Facebook-Seite häuften sich die kritischen Beiträge. Zu allem Überfluss hielt Himmy sich, als die Geschichte hochkochte, in den USA auf und wollte eigentlich Urlaub machen. Irgendwann erreichte ich ihn dort und informierte ihn, dass inzwischen fritz-kola im Feuer stand. Rückblickend beschreibt Himmy seine Haltung so:

Ich war noch nie ein Freund davon, dass irgendjemand – egal ob rechts- oder linksaußen – sich anmaßt, zu entscheiden, wer was hören darf und wer wo auftreten oder reden darf und diese Anmaßung notfalls mit Gewalt durchsetzt. Und es kotzt mich an, wenn jeder zum Nazi erklärt wird, der auch nur einen Millimeter von der Weltsicht bestimmter Leute abweicht.

Als Mirco mich dann in den USA anrief und wir uns einig wa-

ren, dass es sinnlos war, Tatsachen mit Statements richtigstellen zu wollen, habe ich meinen Anwalt kontaktiert und dem Frei. Wild-Management den Mietvertrag gekündigt – gegen meine eigene Überzeugung. Und mit etwa 10 000 Euro Verlust. Ich habe das damals vor allem gemacht, um fritz-kola aus der Patsche zu helfen. Weil wir Freunde waren, weil ich die Marke gut finde und weil ich ihnen für ihre Verdienste um Hamburg dankbar bin. Und das Konzert hat dann irgendwo im Hafen stattgefunden – übrigens ohne jeden Zwischenfall.

Für uns war die Geschichte so bedrohlich, weil Shitstorms demselben Prinzip folgen wie alle Verleumdungskampagnen: Irgendwas wird schon hängen bleiben. Unser Außendienst würde sich darauf einstellen müssen, dass bei den Kunden ein vages „fritz-kola unterstützt eine rechte Band" übrig bleiben würde. Der Urheber musste keine Verantwortung für seine Falschinformation übernehmen. Für uns war das richtig besch …, weil es unsere Marke im Herzen unseres wichtigsten Absatzgebiets in Verruf brachte. Wenn die Leute, deren Sympathie uns trug und trägt, uns hätten fallen lassen, wäre das richtig hart gewesen für uns.

Anderthalb Jahre danach erlebten wir ein zweites Mal, wie schnell Empörung hochkochen und sich verselbstständigen kann: Eine uns bis dahin völlig unbekannte Frau namens Melanie D. postete im Februar 2017 auf Instagram ein Foto, auf dem sie mit geschlossenen Augen an einer fritz-kola-Flasche nuckelte. Text: „Immer schön fritzen." Unser Social-Media-Team behandelte den Post wie die vielenvielen anderen, die uns jeden Tag erreichen: freundlich. Wir posteten: „... dann fritz mal ordentlich weiter. Wir wünschen vielviel Trinkvergnügen." Was wir nicht wussten: Melanie D. war damals eine lokale Größe der extremen Rechten im Düsseldorfer Raum. Eine als Volksverhetzerin verurteilte Mitorganisatorin des Düsseldorfer Pegida-Ablegers „Dügida". Und ihr Post sowie unsere leichtfertige Antwort berührten einen heiklen Punkt: Dass fritz-kola ein lokales Produkt ist, gefällt nicht nur Ökos und Linken, sondern auch Rechten, die in uns vor allem die *deutsche* Alternative zu Coca-Cola sehen und uns für ihre Deutschtümelei und ihren fremdenfeindlichen Nationalismus vereinnahmen wollen.

Wir haben uns dann in einem Facebook-Post für unseren Fehler entschuldigt und unsere Trinkvergnügen-Wünsche in aller Form zurückgenommen:

moin liebe fritz-freunde,
kennt ihr melanie d.? dank euch kennen wir sie seit heute morgen. wir haben keinen kontakt mit oder zu melanie d. wir liebäugeln weder mit ihr noch mit der ideologie, die hinter ihr steht, noch mit der rechten bewegung insgesamt, für die wir in keiner form sympathie oder verständnis aufbringen können und wollen.

gestern haben wir ihr, entsprechend unserer grundlegenden höflichkeit, „vielviel Trinkvergnügen" gewünscht, ohne person, markierungen oder hintergrund ausreichend zu prüfen – ging in diesem fall gründlich schief.

wir erhalten täglich eine vielzahl an beiträgen auf instagram, facebook und twitter und versuchen, allen mit entsprechender aufmerksamkeit gerecht zu werden. dabei arbeiten für uns keine bots, die automatisch antworten, sondern menschen – menschen mit koffeinschock, die leider auch mal einen fehler machen. wir haben einen fehler gemacht und bitten hiermit um entschuldigung dafür.

wir wollen kein personenregister richtiger und falscher kunden führen – die rechte szene ist nicht unsere und wir wollen ihr die aufmerksamkeit schenken, die sie unserer meinung nach verdient: keine. wer uns kennt, kennt unsere werte, unser werteverständnis und unser verantwortungsbewusstsein. wer uns kennt, weiß auch, dass wir toleranz und vielfalt fordern, unterstützen und leben – sowohl intern als auch gegenüber unseren kunden und partnern.

wir bedanken uns sehr für eure aufmerksamen hinweise. bitte beachtet aber auch, dass die ansteigende aufmerksamkeit vor allem einer gruppe hilft: frau d. und ihren freunden.

in diesem sinne wünschen wir #keintrinkvergnügenfürmelanie

p.s.: fritz-kola schreibt man mit ‚k', melanie.

Immerhin gab es diesmal eine reale Grundlage für die Proteste vieler Nutzer unserer Seiten, wenn es sich auch nur um eine Nachlässigkeit unsererseits handelte. Darüber, dass ein solcher Lapsus von manchen einfach so als politisches Statement pro rechts gedeutet wurde, kann ich aber bis heute nur den Kopf schütteln. Das Social-Media-Team einer Firma wie unserer kann nicht sämtliche einschlägige Namen kennen, sodass bei Beifall von der falschen Seite zuverlässig die Alarmglocken schrillen. Und die sozialen Medien sind rasend schnell – für eine gründliche Recherche zu jedem Post bleibt überhaupt keine Zeit. Woraus folgt: Shit happens, womit wir bei aller Mühe und Sorgfalt leben müssen.

Wir versuchen aus diesen Erfahrungen zu lernen – wobei es immer eine Ungleichheit der Waffen gibt: Ein Unternehmen muss natürlich immer die Wahrheit sagen, selbst wenn die andere Seite hemmungslos lügt und Fakten in der aufgeheizten Situation niemanden interessieren. Man muss schnell reagieren, alles sofort beantworten, eigene Fehler benennen und einräumen und Falschaussagen sofort widersprechen. Und man darf nichts auf die leichte Schulter nehmen, auch wenn es noch so lächerlich scheint.

Eine Folge unseres Wachstums ist offensichtlich: Der „David-Bonus“ ist weg, zumindest in Norddeutschland. Mit den Worten eines unserer ersten Kunden Gerrit Lerch: „David gegen Goliath ist vorbei. fritz-kola ist selbst ein Riese geworden.

Das Lokalkolorit ist dabei zwangsläufig etwas verloren gegangen.“ Aus Sicht des „Schulterblatts“, der „Schanze“ und des Kiezes rund um den Hans-Albers-Platz mögen wir vielleicht ein Riese sein – fünf Straßen weiter sieht es schon wieder anders aus. Aber Gerrits Aussage ist wichtig, um unsere und speziell meine eigene Selbstwahrnehmung zu überprüfen. Ich denke immer noch manchmal: Wir sind doch der (sympathische) Kleine. Meine Mitarbeiter, die vielen Frauen und Männer, die sich jeden Tag ins Zeug legen, müssen mich da manchmal korrigieren und daran erinnern, wie groß und etabliert wir mittlerweile sind. Aus der Studenten-Kola-Bude ist ein echtes, lebendiges Unternehmen geworden.

Ivonne Anton, Chefin der Personalabteilung, hatte schon vorher in anderen Unternehmen Erfahrung gesammelt, sagte über fritz erst mal ganz nüchtern: „Wir sind ein professionell organisiertes, mittelständisches Unternehmen mit zweistelligem Millionenumsatz und fast 300 Mitarbeitern.“ Was das betrifft, also sehr normal.

Zum weggefallenen David-Bonus gehört auch, dass wir weniger Narrenfreiheit haben. Freche Regelverstöße oder Schlampereien würden uns viel weniger nachgesehen als früher – von der Öffentlichkeit und von Geschäftspartnern. Die Wahrnehmung von fritz hat sich verändert, und man erwartet zu Recht von uns, dass wir uns entsprechend verhalten.

Zu den Vorzügen unseres Wachstums gehört aber auch, dass ich wieder mehr Zeit habe, draußen zu sein. Draußen bei denen, die mir wichtig sind. Bei unseren fritzen, bei unseren Kunden in den Bars, Cafés, Clubs und den Spätis, den selbstständigen Kaufleuten und Getränkehökern.

Meine Rolle hat sich extrem verändert: vom Kistenschlepper und Verkäufer zum Unternehmer mit fast dreihundert Menschen: Mütter, Väter, Berufsanfänger, Bar-Experten, Grafikkünstler, tolle Leute. Wenn ein Unternehmen so groß wird wie fritz und die Existenz so vieler Menschen davon abhängt, dann **ist es die Pflicht der Eigentümer, sich selbst entbehrlich zu machen.** Das klingt vielleicht erst mal komisch: Uns ist es nach dem Ausscheiden meines Mitgründers gelungen, den Laden derart umzuorganisieren und die Leute so zu befähigen, dass der Laden weiterläuft, auch wenn mir morgen ein Ziegelstein auf den Kopf fiele. Für jemanden, der das Unternehmen gegründet und auf viele Positionen begleitet hat, zu Anfang erst mal eine merkwürdige Situation. Die eigene Eitelkeit zurückstellen, also die Vorstellung, dass es ohne mich nicht laufen kann. Wobei … ich verstehe schon die vielen leidenschaftlichen Unternehmer, meistens Männer, die auch im hohen Alter noch super operativ tätig sind und bis zum Ende tätig sind.

07 unabhängigkeit

es ist eine große freude, unter- nehmer zu sein

Eine der aus meiner Sicht wichtigsten Eigenschaften für mein Leben als Unternehmer verdanke ich meiner Zeit bei den Pfadfindern: Ausdauer und Durchhaltevermögen.

mirco wolf wiegert

Ein kleines Gedankenexperiment: Ich bin jetzt Mitte vierzig. Ich habe, die meiste Zeit gemeinsam mit Lorenz, eine spannende Marke und ein funktionierendes Unternehmen aufgebaut und es mit unserem Team durch schwierige Phasen gesteuert. Eigentlich könnte ich doch jetzt zur Ernte schreiten. Ich könnte meine Anteile verkaufen und hätte für den Rest meines Lebens finanziell ausgesorgt. Dann könnte ich mich ausschließlich den Dingen widmen, die ich gerne tue. Ohne Druck und ohne Stress. Wo ist der Denkfehler? Ganz einfach: Meine Arbeit als Unternehmer *ist* das, was ich am liebsten tue.

Meine Motivation, Unternehmer zu sein, würde ich so beschreiben: Stell Dir vor, Du gehst jeden Morgen am Schaufenster eines Süßigkeitenladens vorbei. Es ist das reinste Paradies. Zwischen all den Bonbons, der Schokolade, den Lakritzschnecken, der Schokofontäne, dem Softeisautomaten, der Zuckerwatte und den Limonaden aller Art steht ein Schild und sagt Dir: Du kannst Dir alles nehmen, was Du willst. Du stürmst in den Laden und naschst Dich durch die gesamte Auslage, bis Du nicht mehr kannst. Und am nächsten Morgen ist das Schaufenster wieder frisch bestückt und Du darfst wieder von Neuem zugreifen und alles probieren. So geht es mir jeden Morgen als Unternehmer mit all den Möglichkeiten und Chancen, die sich mir auftun. Gut, manchmal hängt der Magen von all den süßen Sachen schief, und manchmal ist ein saurer Drops dabei. Aber immer gibt es viele spannende Dinge auszuprobieren.

Spannend kann ein anderes Unternehmer-Lebens-Modell sein. Das des „Serial-Entrepreneurs“, also laufend neue spannende Unternehmen zu gründen und diese nach einiger Zeit in professionelle Hände zu übergeben. Denn es macht enormen Spaß, Unternehmer zu sein und sein Ding zu machen – auch wenn es zugleich vielviel Arbeit und Verantwortung ist. Aber alleine den ganzen Tag mit Hoodie, Jeans und Sneakers rumlaufen zu dürfen, ist es wert, fritz-kola zu machen.

Manchmal werde ich nach Vorträgen gefragt, ob es mein Antrieb war, selbstständig zu sein, um viel Geld zu besitzen. An die Frage habe ich mich gewöhnt, auch wenn sie am Kern vorbeigeht. Meine Motivation kommt aus der Leidenschaft für meine Sache, mein Projekt. Dass man im Idealfall auch gut davon leben kann, ist ein willkommener Nebeneffekt.

Insofern ist Geld ein Mittel zum Zweck. Abgesehen von der Daseinsvorsorge ist es erst mal wertlos, bis man damit etwas unternimmt. Deshalb war es nie mein Ziel, das Unternehmen möglichst schnell groß und profitabel zu machen, um es dann zu verkaufen. Das wäre für mich, als würde ich mir selbst mein Traumhaus bauen – nur um es zu verkaufen, sobald der letzte Handgriff getan ist, statt darin zu wohnen.

Ich wollte nicht so sehr etwas besitzen (erst recht nicht so

etwas Abstraktes wie ein Geldvermögen), sondern vielmehr etwas machen. Etwas unternehmen. Und es käme mir widersinnig vor, diese Möglichkeit genau in dem Moment aus der Hand zu geben, in dem ich wirklich etwas bewegen kann – in unserem Markt und in der Gesellschaft.

Als Unternehmer kann es Freude bereiten, zu gestalten. Verantwortung zu haben und anzunehmen. Der Genuss der Unabhängigkeit. Das eigene Schicksal bestmöglich selbst in die Hand zu nehmen. Keine Bank, keinen Investmentfonds und keine Aktionärsversammlung fragen zu müssen. Ab einem bestimmten Zeitpunkt hätten wir ganz sicher schneller und aggressiver wachsen und mehr Geld in kürzerer Zeit verdienen können. Aber zu welchem Preis? Wir hätten die Unabhängigkeit von fritz-kola aufgegeben und Dinge gemacht, die wir eigentlich nicht wollten.

Für uns Gründer war immer klar, dass wir keine fremden Geldgeber hereinholen und keine riskanten Kredite aufnehmen würden für noch ungelegte Eier, also spekulative Aktivitäten. Als wir 2008 das Darlehen für die Einführung der 0,2-Liter-Flasche aufnahmen, wussten wir schon sehr genau, welche Rechnungen wir damit bezahlen würden und wann das Geld zu uns zurückfließen und der Kredit wieder getilgt würde. Hätten wir zocken müssen, also über die Chancen bloß spekulieren, hätten wir es nicht gemacht – selbst wenn uns jemand den Kredit gegeben hätte.

Manchmal werde ich gefragt, ob es eigentlich eine gute Idee gewesen sei, mich ausgerechnet in Deutschland selbstständig zu machen. Ich kann die Frage gar nicht richtig beantworten, mir fehlt da der Vergleich. Als Gründer und Unternehmer konnten wir von den Vorzügen Deutschlands bisher immer gut Gebrauch machen. Es gibt wenig Korruption und die öffentliche Sicherheit ist gegeben. Und wir haben – insbesondere in den Großstädten und ihrem Umland – eine immer noch hervorragende industrielle und passable administrative Infrastruktur. In der Regel können offene Arbeitsstellen durch gut ausgebildete Arbeitskräfte aus vielen Kulturkreisen besetzt werden. In den kommenden Jahren werden hoffentlich auch in Europa die Steuerschlupflöcher für Internetkonzerne geschlossen, damit nicht nur mittelständische Unternehmen wie wir sich an der Finanzierung der vorhandenen Infrastruktur beteiligen, sondern alle Unternehmen, die davon profitieren. Aus der aktuellen Perspektive des Jahres 2021, mitten in der Corona-Pandemie, ist es spannend zu sehen, wie die vielen Volkswirtschaften aus dieser tiefgreifenden Krise herauskommen werden. Wird sich in manchen wohlhabenden Ländern die neoliberale Ideologie des „Der Markt regelt alles“ fortsetzen? Wird es gelingen, die staatliche sowie die privatwirtschaftliche Infrastruktur wiederherzustellen? Schaffen wir es, die Spaltung unserer Gesellschaft nach Ressourcen, Herkunft, Einstellung zu überwinden?

Als wir 2003 zu Gründern wurden, war es noch nicht so hip, Unternehmer zu sein. Die Bedenkenträgerei und der Neid waren noch stärker verbreitet als aktuell. Bis heute gilt häufig bei uns: Man zeigt seinen materiellen Erfolg und seinen Reichtum nicht; das gilt als unfein. Diese Art des „Understatement“ ist mir nicht ganz fremd, aber ich finde es auch spannend, einen gegenläufigen Trend zu beobachten: die neue Generation von Unternehmern aus dem World Wide Web, den Influencern und Promis, die deutlich weniger Scheu haben, ihren Erfolg zu zeigen.

Was passiert, wenn wir Frauen und Männern, die gründen, gesellschaftlich eine Bühne geben? Gründen ist heute jedenfalls sexyer als vor zwanzig Jahren. Die ermutigende und beflügelnde Start-up-Atmosphäre war damals noch unbekannt. Gemessen an den heutigen Möglichkeiten, sich virtuell zu vernetzen und leicht ein großes Publikum zu erreichen, müsste es aber eigentlich noch viel mehr Gründer geben. Ich bin oft zu Gründerkongressen und -seminaren eingeladen und werbe für die Freuden des Unternehmerseins. Wir sollten auch in Kindergärten, Schulen und Unis vermitteln, dass es etwas Selbstverständliches und Normales ist, eigene Projekte zu verfolgen, sich selbstständig zu machen. Denn das Bedürfnis, selbst zu bestimmen, wo es langgeht, ist doch völlig natürlich. Nicht für alle Menschen, aber für viele.

Ich habe gute Erfahrungen gemacht mit Schülern und Studenten, die sich in Projekten mit dem Thema Unternehmertum beschäftigen und mich einladen. Wenn ich es einrichten kann, schaffe ich zwei bis drei solcher Tagestermine pro Jahr. Natürlich wollten sich danach nicht alle selbstständig machen, aber wenn sie hören, wie es funktioniert und funktionieren kann, fällt bei so manchem der Groschen. Und die ernsthaft Interessierten werden in ihrer Motivation bestätigt. Mit dieser Art der Wirtschaftsbildung kann ich mich gut identifizieren.

Wenn ich mit jungen Menschen spreche, die über eine Gründung nachdenken und mir ihre Ideen vortragen, ertappe ich mich manchmal bei dem typischen Bedenkenträger-Reflex, gegen den ich anfangs selbst so allergisch war. Das mag mit meinem Alter zu tun haben, aber auch mit meiner

Erfahrung und den mit den Jahren gestiegenen Ansprüchen an die Ausarbeitung einer unternehmerischen Idee. Meine Unbekümmertheit der frühen Jahre ist natürlich weg. Dennoch versuche ich in solchen Situationen, nicht den skeptischen Besserwisser rauszukehren, sondern durch Fragen auf noch ungeklärte oder schwierige Sachverhalte aufmerksam zu machen. Auf jeden Fall will ich dabei helfen, die Motivation aufrechtzuerhalten, und stärker auf die Chancen als auf die Risiken eingehen. Schließlich bin ich überzeugt, dass es für neue Ideen immer Platz gibt – wenn sie gut sind. Als Außenstehender will ich merken: Da hat sich jemand Gedanken gemacht, es gibt ein klares Konzept und es steckt viel Liebe im Projekt, auch im Detail. Dann werden die Anstrengung und das Risiko oft auch belohnt. Das gilt genauso für den Limonaden-Markt. Der ist megalebendig und sehr innovativ. Wer darin Fuß fassen will, muss ein Feld identifizieren, das noch frei ist – und lukrativ. Und es erobern – meist mit schmalem Budget und vielviel Arbeit. Meine Erfahrung hat gut funktioniert und kann vielleicht dem einen oder der anderen als Inspiration dienen: Lieber mit kleinen Dimensionen beginnen und von Anfang an profitabel sein. So bleibt man unabhängig. Und kann Schritt für Schritt wachsen. Die größte Herausforderung ist es, eine Marke zu schaffen und das Vertrauen der Kunden in diese Marke aufzubauen. Ich habe mir kürzlich in einem Artikel einen Satz des Gründungsberaters Roman Huber angestrichen, der damals wie heute zutrifft: „Man ist in einem Marathon, da geht es mal rauf und mal runter.“

Ich bestärke junge Gründer, wo ich kann, weil mir eine Start-up-Kultur auf europäischer Ebene sehr wichtig ist. Und weil ich auch anderen Menschen den Spaß und die Freude gönne, ein eigenes Unternehmen zu gründen.

was macht einen guten unternehmer aus?

Basierend auf meinen Erfahrungen, glaube ich, dass es sehr viele Unternehmerpersönlichkeiten gibt. Natürlich braucht man eine bestimmte Mentalität und eine gute Portion Unabhängigkeitsbedürfnis, um eine Gründung überhaupt zu erwägen. Folgende habe ich kennengelernt: die Aufbrausenden und die Zurückhaltenden. Die Selbstbewussten und die Gehemmten. Die Autoritären und die Weichen. Die Charismatiker und die Unscheinbaren. Es gibt die Kontrollfreaks und die „Lange-Leine-Typen“, die Risikofreudigen und die Vorsichtigen, die Rücksichtslosen und die auf Fairness Bedachten, es gibt die Ausbeuter und die Fürsorglichen, die Geizkrägen und die Verschwender, die Managertypen und die Patriarchen … Ich rede in diesem Kapitel also von mir – und nicht vom Unternehmer im Allgemeinen.

Dass ich die Fähigkeit zum Durchhalten nicht zuletzt meiner Pfadfinderzeit verdanke, habe ich bereits erwähnt. Eine ganz normale Situation dort geht so: Du bist mitten im Wald, bei einer gemütlichen Rast auf dem Weg zum vereinbarten Ziel – und es beginnt überraschend, in Strömen zu regnen. Die Hälfte der ausgebreitet herumliegenden Vorräte für die mehrtägige Tour ist nass und verdorben, bevor du reagieren konntest. Auch die meisten Klamotten sind nass, und die Schlafsäcke ebenso. Zurück zum Ausgangspunkt wäre es ein halber Tag Fußmarsch, zum Ziel noch zweieinhalb Tage. Bei den Pfadfindern habe ich gelernt, mit welcher Selbstverständlichkeit die Option „Wir kehren um und geben auf" ausgeschlossen wurde. Es war immer völlig klar: Wir müssen die Aufteilung der Vorräte neu planen, die nasse Ausrüstung wird am Feuer getrocknet – aber wir gehen jetzt zu diesem Ziel, durch Fluss und Tal und über jeden Berg. Wir werden da hinkommen. Dafür, dass ich diesen selbstverständlichen Willen zum Durchstehen schwieriger Situationen lernen durfte, bin ich dankbar.

Natürlich konnte ich dort auch lernen, mich in einer Gruppe zu behaupten. Später, als Gruppenleiter, habe ich ein Team angeleitet und motiviert. Aber Jugendliche ticken doch sehr anders als Erwachsenen-Teams bei der Arbeit. Da konnte ich von meinen Erfahrungen leider wenig eins zu eins ins Business übertragen.

In den fast zwanzig Jahren seit der Gründung habe ich mich natürlich verändert. Das ist eine logische Folge meiner Rolle – und der Gewissheit, etwas zu können. Wenn dir vieles gelungen ist und gelingt, traust du dir auch mehr zu. Allerdings war ich nie der Typ, der ein angeborenes und unerschütterliches Selbstbewusstsein durch die Gegend trug.

Tatsächlich brenne ich für mein Produkt und mein Unternehmersein. Dennoch musste ich lernen, die Leute mitzunehmen und mit meiner Begeisterung anzustecken Ich habe meine Leidenschaft zum Beruf gemacht und muss eher aufpassen, dass ich fritz-kola nicht als mein (einziges) Zuhause betrachte. Es ist meine Arbeit – aber ich komme sehr gerne her, schon wegen der tollen Leute, mit denen ich hier arbeiten darf.

Weiterentwickeln musste ich mich in der Frage der Arbeitsteilung und des Loslassens. Ich kam ja aus der Ecke „Ich mach alles selbst“. Und ich wollte von niemandem abhängig sein. Als fritz-kola aber immer größer wurde, bin ich mit dieser Haltung an meine Grenzen gestoßen. Ich musste lernen, andere um Rat zu fragen. Früher hatte ich den Anspruch, jeden Job mindestens genauso gut zu können wie der jeweilige Mitarbeiter. Aber unser Wachstum hat mich gelehrt, dass wir auf vielen Positionen Leute brauchen, die in ihrem Bereich um Lichtjahre besser sind als ich. Diese Leute haben wir zum Glück, und ich sage inzwischen Ja zu der Tatsache, dass unser

anhaltender Erfolg von diesen fantastischen Fachkräften abhängt.

Wie viel Freiraum muss ich meinen Leuten lassen? Was kann oder muss ich selbst machen, ohne ihre Initiative zu ersticken? Das ist bis heute manchmal ein Lernen mit Schmerzen. Aber es ist nötig – denn fritz-kola ist mit den Jahren über die ursprüngliche Idee hinausgewachsen, man könne als selbstständiger Unternehmer alles allein machen. Und **Selbstreflexion ist eine unabdingbare Fähigkeit für einen Unternehmer, die durch einen guten Trainer oder Coach in die richtigen Bahnen gelenkt wird.**

Was ganz sicher typisch ist für meine Unternehmerpersönlichkeit, ist das Kostenbewusstsein bis ins Detail. Andere mögen sich denken: Der rechnet aber mit spitzem Stift und ist standfest in Verhandlungen, aber das lasse ich mir gerne nachsagen. Das kommt nicht in erster Linie meinem Konto zugute, sondern sichert dem Unternehmen fritz seine Zukunft. Mein sehr vorsichtiger Umgang mit Geld kommt wahrscheinlich daher, dass ich aus eigener Lebenserfahrung weiß, wie schwierig es ist, an Geld ranzukommen. Außerdem habe ich den monatlichen Kostenblock vor Augen, für den immer Geld da sein muss – egal, wie gut oder schlecht das Geschäft gerade läuft. Gehälter, Sozialabgaben, Miete etc. fallen immer an. Aus meiner angeborenen Vorsicht heraus und natürlich aus Interesse am Thema kenne ich bis heute sehr viele Details unserer Kalkulation. Und obwohl es nicht mehr zu meinen Aufgaben gehört, könnte ich bis heute auch Einzeldeals verhandeln – wenn auch vielleicht nicht wie früher bis zur vierten Nachkommastelle.

Meiner Aufgabe und Verantwortung als Unternehmer begegne ich bis heute mit viel Respekt. Dass Dinge gelingen und funktionieren, betrachte ich nicht als selbstverständlich. Und mir steht immer vor Augen, welche Riesenverantwortung ich trage – nicht nur unmittelbar für die fritzen, sondern mittelbar zum Beispiel auch für die Mitarbeiter der Abfüllbetriebe. Da sind wir häufig der größte Kunde, man investiert unseretwegen in teure Anlagen – wenn dieser Umsatz wegfiele, stünden manche Betriebe vor großen Problemen. In einer vernetzten Wirtschaft hängen von einem mittelständischen Unternehmen wie dem unseren Hunderte von Menschen direkt oder indirekt ab.

Womit wir schon mitten bei der Frage der Führung und des Führungsstils wären. Denn Unternehmer sein heißt: führen.

Als Student war ich leider nicht sehr gut auf das Thema Führung vorbereitet. Dabei ist Führen von Menschen die zentrale Kompetenz beim Gründen und Aufbauen eines Unternehmens. Schließlich gilt es, gleich zu Anfang oder spätestens mit der ersten Wachstumswelle andere Menschen mitzunehmen, eine Gruppe oder wachsende Organisation dahin

zu bringen, dass alle mehr oder weniger auf das gleiche Ziel hinarbeiten. Leider war das Thema Führung 2002 kein Bestandteil unseres Geschäftskonzepts auf der berühmten DIN-A4-Seite (sollte aber in jeden guten Businessplan rein). An Mitarbeiter in einer Anzahl, die ein Führungskonzept erfordern würde, haben wir damals nicht gedacht. Und in den ersten Jahren haben wir auf der Suche nach dem richtigen Führungsstil auch jede Menge Fehler gemacht.

Rückblickend stelle ich bei mir fest, in der täglichen Arbeit stark am Erfolg der Kola als Produkt gearbeitet zu haben und das Thema Führung der Leute, die wir eingestellt haben, ein bisschen vernachlässigt zu haben. Wahrscheinlich kennen das viele Gründer: Im Wahnsinn der ersten Jahre musste alles zeitgleich laufen: das Produkt entwickeln, erzeugen und verkaufen; den Admin-Kram erledigen; Gespräche mit Kunden, Lieferanten, Medien; andere Aufgaben, „die sonst niemand machen kann", und ach ja, da sitzen noch mehr Leute im Büro. Dann mache ich eben noch ein Personalgespräch. Die Fokussierung auf die Geschäftsidee frisst vieles auf. Dabei lassen sich viele Grundlagen leicht beachten; man muss sie nur kennen und beherzigen. Was jetzt kommt, mag total banal klingen. Trotzdem habe ich in den ersten Jahren bei diesen Basics echten Bockmist gebaut.

Basics für Unternehmer

- **Auswahl der richtigen Leute.** Weiß ich, was ich von denen will und können die das wirklich? Komme ich an die richtigen Leute überhaupt ran? Gerade in der Startphase ist man geneigt einzustellen, wer gerade da ist. Das muss nicht immer falsch sein. Wenn die Neuen motiviert sind, kann das eine Menge kompensieren. Auch wenn dieses Vorgehen nicht die reine Lehre ist.
- **Leute nicht demotivieren.** Als Gründer muss man der Versuchung widerstehen, alles selbst machen zu wollen und die Aufgaben an andere derart dirigistisch und engmaschig zu vergeben, dass sich die Leute nicht einbringen können oder gar keine Entscheidungskompetenz mehr zugestanden bekommen.
- **Warum machen wir das hier?** Wo wollen wir konkret hin und ergibt das alles hier Sinn? Wer nicht weiß, warum und wohin die Reise geht, wird den Erfordernissen nicht gerecht werden.
- **Kenne Dein Team.** Was treibt die Leute wirklich an? Was motiviert sie? Der eine will sicheres Geld nach Hause bringen, die nächste will sich partout selbst verwirklichen, noch jemand anders will schlicht Karriere machen. Die Motive sind alle individuell, nur kennen sollte man sie.

- **Ziele klar definieren und Leistung einfordern.** Nur wer weiß, was gefordert ist, kann eine Erwartung erfüllen.
- **Was ist Dir als Gründerin oder Gründer wichtig?** Was sind Deine Werte; was geht und was geht gar nicht? Mache transparent, woran Du Dich orientierst. So weiß Dein Team schnell, woran es ist.
- **Feedback ist wichtig.** Sei dabei aufrichtig und kritisiere fair. Gib schnelles Feedback für Dinge, die gut und Dinge, die schlecht liefen. Immer alles unter vier Augen, nicht vor anderen – schon gar nicht negatives Feedback oder Kritik. Wenn Du kritisierst, immer nur das Verhalten, niemals die Person. Letzteres steht uns eh nicht zu.
- **Fehlerkultur.** Lass Fehler zu und stelle sicher, dass diese nicht zu teuer werden. Reiße niemandem für Fehler den Kopf ab. Nach meiner Erfahrung wurden Aufgaben und Erwartungen vorher nicht gut genug kommuniziert und die betreffenden Mitarbeiter waren schlicht nicht qualifiziert genug.
- **Sei ein Vorbild.** Alles, was Du erwartest, musst Du auch vorleben können.
- **Führung.** Zu führen ist Handwerk und kein Voodoo. Man kann es lernen und üben.
- **Check-in.** Gib den Leuten täglich ein Check-in. Geht es ihnen gut? Was beschäftigt sie gerade?

- **Überstunden.** Ja, Überstunden sind auch Teil einer Start-up-Kultur. Aber alles in Grenzen. Aufgaben müssen so zugeschnitten sein, dass sie auch geschafft werden können.
- **Sei verbindlich.** Führen heißt entscheiden – manchmal auch unter Druck und mit mangelnder Kenntnis. Es ist wichtig und wird zu Recht erwartet, dass diese Entscheidungen dann auch konsequent nachgehalten werden.
- **Regeln.** Verzichte auf Verbotsparaden. Ein paar Regeln, was geht und was nicht geht, genügen. Diese sind transparent; der Rest ist erst mal erlaubt.

Kein Gründer und keine Gründerin sollte in puncto Führung so unvorbereitet sein wie wir damals. Es ist kein Hexenwerk, sich zumindest einen Leitfaden für bestimmte oder herausfordernde Situationen zu beschaffen. Natürlich wird das Konfliktgespräch eines unerfahrenen Unternehmers meistens etwas hölzern verlaufen. Aber mit ausreichender Vorbereitung und dem richtigen Handwerkszeug wird es nicht vollends in die Grütze gehen, es wird nichts Wichtiges vergessen und so weiter. Meine Botschaft an Gründer: Nehmt die Sache ernst! Ihr müsst wissen, dass das Thema Führung wichtig ist, und man muss Euch auch anmerken, dass Ihr das wisst.

Nach den wilden Anfängen der ersten Jahre und dem Einstieg meines Co-Geschäftsführers Winfried Rübesam konnte ich mich in Führungsfragen professionalisieren. Wir waren kein Start-up mehr, und mit Winfried kam der erste professionelle Manager an Bord, der schon über den ganzen Werkzeugkoffer zur Team- und Mitarbeiterführung verfügte.
Mit dem an Bord kommen von Winfried begann bei uns eine positive Professionalisierung auch im Hinblick auf Führungsverantwortung und Kultur und wir konnten unserer Unternehmensgröße gerecht werden.

2019 haben wir uns im Leitungskreis zusammengesetzt und unser Führungsverständnis formuliert – natürlich in einer Sprache, die zu fritz passt, und in der für uns typischen Kleinschreibung.

führung bei fritz

klarheit: so schwarz wie unsere kola, so klar sind unsere aufgaben. deshalb sorgen wir für eindeutige verantwortlichkeiten, schaffen freiräume und setzen smarte ziele.

verbindlichkeit: was wir sagen, meinen wir auch so. deshalb versprechen wir nichts, was wir nicht halten können, und halten das, was wir versprochen haben.

fördern und fordern: fritz ist immer nur so gut wie seine fritzen. deshalb fordern und fördern wir unsere mitarbeiter, um das unternehmen besser zu machen.

respekt: wer nicht respektiert, wird nicht respektiert. deshalb begegnen wir allen fritzen vertrauensvoll und wertschätzend.

transparenz: der weg zum schwarzen planeten ist lang. deshalb kommunizieren wir die route so, dass jeder weiß, wo es langgeht – transparent und auf augenhöhe.

leidenschaft: wir sind nicht irgendwer, wir sind fritz. deshalb machen wir dinge nicht irgendwie, sondern aus vollem herzen und mit voller leidenschaft.

feiern: was wir erreichen, erreichen wir gemeinsam. und genau so feiern wir, was wir erreicht haben.

Wer selbst in einer größeren Firma arbeitet, kennt solche Ziele. Und vermutlich stehen recht ähnliche Sätze in vielen Firmen-Leitbildern. Dennoch ist der Prozess, in dem man sich seine Werte bewusst macht, sie formuliert und sich gegenüber den Mitarbeitern darauf verpflichtet, wichtig für jedes Unternehmen. Mir fällt dazu immer ein, was mir mal ein Historiker erzählt hat: Der Doge von Venedig, also der höchste Repräsentant der bis Ende des 18. Jahrhunderts eigenständigen Seerepublik, musste einmal im Jahr dem Großen Rat (von dem er gewählt worden war) seinen Amtseid laut vorlesen. Man kann davon ausgehen, dass der Inhalt sowohl dem Dogen als auch allen Adligen im Großen Rat auch ohne diese Zeremonie bekannt gewesen wäre – aber darum ging es nicht. Es ging um das, was die Engländer „commitment“ nennen, also eine durch Öffentlichkeit verbindlich gemachte Selbstverpflichtung. Und genau das war das Ziel unseres Workshops zum Thema Führungsverständnis. Eine solche Selbstverständigung ist so wertvoll, dass man sie regelmäßig machen sollte. Auch wenn die Ergebnisse am Ende bisweilen fast banal scheinen – das Entscheidende ist der Weg, den man gemeinsam zurückgelegt hat. Und auch wenn es nicht immer leicht ist: Unser Handeln bei fritz wird tatsächlich von unserem Leitbild bestimmt.

Für mich hat sich als Führungskraft das Bild von Coach und Captain als sinnvoll erwiesen. Coach heißt Sparringspartner der eigenen Leute zu sein, sie zu begleiten. In der seltenen Rolle des Captain geht es eher um klare Ansagen. Das ist gefragt, wenn ein Konflikt gelöst oder der Rahmen für Unternehmungen abgesteckt werden muss.

Ein autoritärer Stil à la „Das wird so gemacht, weil ich der Chef bin!“ ist nicht nur völlig aus der Zeit gefallen. Er verschenkt das Potenzial mitdenkender und motivierter Mitarbeiter, frustriert engagierte und sachkundige Kollegen und beschädigt letztlich die eigene Autorität. Und wenn sich eine Führungskraft nicht traut, ihren Standpunkt möglichen Widersprüchen auszusetzen, sollte sie überprüfen, ob sie ihren eigenen Argumenten überhaupt vertraut. Ich bin jedenfalls froh, dass ein guter Teil unserer Leute Entscheidungen hinterfragen sowie Erklärungen und Begründungen einfordern. Als ich einmal gefragt wurde, womit Mitarbeiter mich beeindrucken können, habe ich geantwortet: durch eine gut vertretene und durchgehaltene Meinung. Und habe hinzugefügt: „Ich musste aber erst lernen, das nicht als Störung wahrzunehmen.“ Inzwischen weiß ich, dass ich den Raum schaffen muss, in dem andere sich entfalten und auch kritische Fragen stellen können. Deshalb spreche ich bei einer internen Diskussion nie als Erster, weil das von manchen als „Einschlagen von Pflöcken“ durch den Chef verstanden würde. Und ich bemühe mich, eher Fragen zu stellen als Statements abzugeben. So wichtig es ist, notwendigen Diskussionen einen Raum zu geben, sie zuzulassen und zu führen, muss dann aber auch ein Ende und eine Entscheidung gefunden werden. Nicht ich entscheide zwangsläufig, sondern das kann auch die kompetenteste Person zum Thema sein, egal ob Frau oder Mann.

Die Fähigkeit, Entscheidungen zu treffen, schützt einen selbstverständlich nicht davor, auch mal danebenzuliegen. Ich entscheide üblicherweise eher schnell, manchmal auch aus dem Bauch aufgrund meiner Erfahrung, und kommuniziere das Ergebnis dann auch klar. Aber wenn meine Entscheidung sich als falsch erweist, kann ich das auch zugeben. Wenn der Chef einen solchen überraschenden Schwenk hinlegt oder einen Fehler gemacht hat, ist eine offene Kommunikation darüber sehr wichtig. Ein „Sorry, Leute, hab ich falsch eingeschätzt, würde ich heute anders entscheiden“ ist das Mindeste. **Wer als Chef nicht zugeben kann, dass er falschgelegen hat, ist das Gegenteil von souverän.** So jemand kann kein vertrauenswürdiger Captain sein.

Das Wichtigste am „Switchen“ zwischen den Rollen des Coachs und des Captains ist, dass man sich immer bewusst macht: In welcher Rolle bin ich gerade? Und was erwartet mein Gegenüber (berechtigterweise) von mir? Wenn der Chef mitten im Gespräch vom verständnisvollen Zuhörer zum autoritären Entscheider mutiert, überfordert das jeden Mitarbeiter.

Auch schwierige Gespräche – von schwerem persönlichem Konflikt über Abmahnung bis Kündigung – müssen erst gelernt werden. Entscheidend dabei sind aus meiner Sicht drei Dinge: gute Vorbereitung, Empathie und Klarheit. Man darf nicht spontan (und erst recht nicht wütend) in so ein Gespräch stolpern, ohne zu wissen, wo es hinlaufen soll. Man muss sich vorstellen können, was im Gegenüber gerade vorgeht. Und man darf nicht aus Scheu vor emotionalen Reaktionen die Botschaft so verschwurbelt vorbringen, dass nachher nicht glasklar ist, was man mitteilen wollte. Meine Erfahrung zur Kommunikation in schwierigen Situationen: Insbesondere in Krisenzeiten bevorzugen die meisten Mitarbeiter, egal ob Männer oder Frauen, klare Ansagen.

fritz musste und muss sich immer wieder neu organisieren und schauen, welche Aufgaben hinfällig geworden sind oder anders verteilt werden können. Wir bauen permanent bei voller Fahrt und voller Belastung um.

Was ich im Laufe meines Unternehmerlebens gelernt habe: Wie, wann und wo die Mitarbeiter an ihren Aufgaben arbeiten, kann mir erst mal egal sein. Wenn jemand zu den „Auf-den-letzten-Drücker"-Typen gehört und bis Donnerstagvormittag tiefenentspannt ist, was sein Wochenziel angeht, kann mir das egal sein – solange er oder sie den Job pünktlich und in der geforderten Qualität erledigt. Auch das musste ich erst lernen. Früher war ich viel nervöser, wenn

Leute mal ein Schwätzchen hielten, früh gingen, spät eintrudelten oder im Homeoffice saßen. Heute gilt für mich der Spruch: „Wir haben schließlich deren Köpfe gemietet und nicht deren Ärsche."

Dass es die Mitarbeiterinnen und Mitarbeiter sind, die ein Unternehmen machen, musste ich als langjähriger Einzelkämpfer der ersten Jahre lernen. Mittlerweile habe ich verstanden, dass es die Kernaufgabe des Unternehmers ist, sich um die Leute und um eine gute Zusammensetzung der Truppe zu kümmern. Und das ist auch in ruhigen Zeiten eine komplexe, vielfältige, aber auch ungeheuer motivierende Aufgabe. Sie nicht ernst zu nehmen, wäre vermutlich einer der schlimmsten Fehler, die man machen kann.

fritzen werden ohnehin gerne angesprochen von der Konkurrenz. In der Branche ist bekannt, dass sie bei uns schnell Verantwortung bekommen, sie in hohem Tempo gute Ergebnisse erzielen können und dass sie Teamplayer sind. fritz macht sich gut im Lebenslauf. Und wenn Menschen den umgekehrten Weg gehen und von großen Konzernen zu uns kommen, genießen sie die kurzen Entscheidungswege und das eigenverantwortliche Arbeiten bei uns.

In der Zeit des Gesellschafterwechsels waren viele fritzen verunsichert – vor allem in der Phase, als alle spürten, dass etwas nicht rundläuft, wir aber die anstehende Veränderung noch nicht öffentlich machen konnten. Damals gab es sehr gezielte Abwerbe-Attacken der Konkurrenz auf unsere Spitzenkräfte und unsere Fluktuation stieg merklich.

Jetzt, fast fünf Jahre später, tragen wir das Zertifikat als „Attraktiver Arbeitgeber“. Es basiert auf der Befragung der Leute bei fritz durch ein unabhängiges Institut. Diese Auszeichnung ist das Ergebnis harter Arbeit und einer Professionalisierung durch Workshops, neuer Impulse durch neue fritzen von extern und reden, reden, reden. Ein Faktor dafür, dass Menschen sich bei fritz wohlfühlen, ist mit Sicherheit unsere Unternehmenskultur.

Ich will einen kurzen Einblick in unsere Unternehmenskultur anhand des Eisbergmodells geben. Der sichtbare Teil des Eisbergs umfasst das Ziel, die Strategie zu dessen Erreichung und die Außendarstellung. Einen Teil unseres Zieles habe ich bereits weiter vorne unter Purpose beschrieben. Die Strategie kann hier vereinfacht beschrieben werden als „mit guten Kunden in Gastronomie und Handel sowie unseren Fans weiter wachsen“. Unsere Außendarstellung in Schwarz-Weiß, urbaner, zeitgenössischer Stil, Hoodie, Sneaker und eine eiskalte fritz-kola in der Hand treffen diese ganz gut. So werden uns viele kennen. Der nicht sichtbare Teil unserer Kultur, also alles, was beim Eisberg unter Wasser liegt, umfasst Regeln, das Miteinander, Werte und unser Mindset. Hierzu kleine Episoden aus unserer jüngeren Vergangenheit:

Manchmal gibt es Dinge, die schleichend zum Teil der Unternehmenskultur geworden sind, aber eigentlich gar nicht zu den Werten der Firma passen. Bei fritz war das so beim Thema Dienstwagen. Mit dem stürmischen Wachstum und der guten Ertragslage, die eine allzu große Sparsamkeit überflüssig machten, war in den Jahren vor 2017 eine gigantische Fahrzeugflotte entstanden. Auch fritzen, die nur im Büro arbeiteten, kamen mit Firmenwagen zur Arbeit, obwohl unsere Geschäftsräume mit ein wenig Aufwand durchaus mit Fahrrad und öffentlichen Verkehrsmitteln erreichbar waren. Und im Außendienst wurden aus zweckmäßigen VW-Golfs irgendwann Straßenpanzer-SUVs – zu schwer, zu groß, zu hoher Verbrauch und zu viele Abgase. Rollende Hünengräber quasi: außen groß und mächtig, innen modrig und altbacken. Es war ein schleichender Prozess – bis wir dieses Gestrüpp gelichtet haben. Wir haben eine Fahrzeugrichtlinie erarbeitet, den größten Leasing-Koloss vorzeitig zurückgegeben, alle neuen Außendienstfahrzeuge auf kleinere, sparsamere Modelle reduziert und Anreize geschaffen, mit Öffis und Fahrrad ins Büro zu kommen: Wir verlegten unser Büro an einen zentraleren Ort, der auch ohne Auto besser erreichbar war; und statt des Firmenwagens boten wir den fritzen Fahrkarten für Bus und Bahn oder alternativ ein JobRad an. Der Außendienst bekam sukzessive wieder kleinere Autos und teilweise die ersten E-Autos. Und wir probierten im Außendienst, etwa in Berlin und Hamburg, sogar die ersten Fahrräder aus. Natürlich müssen Außendienstler motorisiert sein für ihre Tätigkeit, aber wir können schlecht Nachhaltigkeit predigen, umweltfreundliche Glasmehrwegflaschen promoten und unsere Leute dann mit tonnenschweren CO_2-Schleudern in die Welt schicken.

Diese Veränderungen waren nicht für alle einfach zu schlucken. Erstaunlich viele Menschen verbinden Autos nicht nur mit Bequemlichkeit, sondern immer noch auch mit Prestige, Status und Persönlichkeit. Die meisten fanden und finden das Zurückdrängen der Autos, zumal der ganz großen Dinger, aber auch einfach gut.

Manchmal hilft im hektischen Arbeitsgetriebe ein einziger Moment, um Missstände, zumal im Zusammenhang mit den eigenen Werten, zu entdecken und Veränderungen anzustoßen. Eines späten Abends musste ich noch etwas aus unserem Werbemittellager holen, einer niedrigen, alten Lagerhalle. Als ich das Licht anschaltete, gingen die Reihen mit den Leuchtstoffröhren nacheinander an. Vor mir türmten sich in Plastikfolien verpackte Kreidetafeln, Straßenaufsteller, Eiswürfelbehälter, Halsbänder, T-Shirts und Strohhalme zu einer Lawine aus Bald-Plastikmüll. Denn die Kunden setzen diese Materialien einen Moment oder ein paar Tage oder Wochen lang ein, um sie dann im Restmüll zu entsorgen. Von dort landet dann alles in der Müllverbrennung. Autsch! Das tat weh. Als Unternehmer wollte ich doch keine Müllberge produzieren. Dieses Erlebnis ist einige Jahre her, und inzwischen konnten wir fast alles Plastik aus dem Programm nehmen, die Anzahl an Werbemitteln reduzieren, haben sogenannte Streu- und Wegwerfartikel aus dem Programm genommen und auf nachhaltige Materialien wie Papier/Pappe oder Holz umgestellt. Für Produkte zu werben, gehört für viele Gastronomen und Supermärkte nun mal dazu – aber (nicht nur) wir können heute Werbemittel anbieten, die entweder gut recycelt werden können oder derart langlebig und dekorativ sind, dass sie ein langes Leben beim Kunden vor sich haben.

Auch Symbolik ist wichtig. Und es war sinnvoll, den offensichtlichen Widerspruch zwischen unserem Reden und unserem Handeln zu beseitigen.

haltung zeigen! unsere philosophie

Wir leben in so spannenden Zeiten, dass es für mich unvorstellbar ist, keine Haltung zu gesellschaftlichen und politischen Fragen zu haben. Und das gilt nicht nur für mich als Person, sondern auch für die von mir mitgegründete und nach außen repräsentierte Firma. Unternehmer tragen Verantwortung und sind eine von vielen tragenden Säulen der

Gesellschaft– sie können sie mit zerstören oder mit aufbauen. Ich will hier nur ein Beispiel von vielen aufführen; Antje von Dewitz, Unternehmerin hinter Vaude-Bergsportausrüstung, die mit ihrer Initiative „Bleiberecht für Arbeit“ sich zusammen mit anderen Unternehmern für die Integration Geflüchteter einsetzt.

Als Unternehmer hinter fritz-kola wächst dem Team und mir zunehmends mehr Verantwortung zu, uns für eine nachhaltige und demokratische Gesellschaft einzusetzen. Vielleicht fällt es uns mit einer modernen Kola leichter als anderen Unternehmen, einen Beitrag zu leisten. Aber auch andere Unternehmerfamilien fallen mit ihrem Engagement auf. So hat die u. a. durch seine Haushaltsgeräte bekannte Unternehmerfamilie Vorwerk im Jahr 2019 eine Kampagne initiiert mit einer eigentlich selbstverständlichen Aussage, die aber in Zeiten einer erstarkenden Rechtsaußen-Partei mit völkischem Programm ein echtes Statement ist: „Es hat einen Grund, dass es Made in Germany und nicht Made by Germans heißt.“ In dieselbe Richtung zielten unsere Sonderetiketten, die wir für das Human Rights Film Festival Berlin im Herbst 2019 entwickelten und in der Folge auf jeder zweiten Flasche in Umlauf brachten. Darauf waren zwei ineinandergreifende Hände und der Spruch „All people are equal – everywhere“ zu sehen. Diese Botschaft des Festivals für ein Miteinander und für Menschenrechte gilt genauso für uns.

Vielleicht bin ich unbewusst auch von den Gründern der Eismarke *Ben&Jerry's* inspiriert. Die beiden Freunde Ben Cohen und Jerry Greenfield haben beispielsweise eine Eissorte herausgebracht, die für die Legalisierung der Homo-Ehe warb. Und bei der Übernahme ihrer Firma haben sie ausgehandelt, dass Unilever insgesamt über 15 Millionen Dollar für wohltätige Zwecke spenden musste, die die beiden Gründer bestimmten. Das Geld ging unter anderem an Bewegungen wie „Occupy". Die beiden Gründer wollten klare Kante zeigen.

Aber ist es überhaupt die Aufgabe einer Kola, gesellschaftliche Diskurse mit zu bespielen und öffentlich für Themen wie Klimaschutz oder eine offene und liberale Gesellschaft einzutreten? Häufig genug lesen wir in den Kommentarspalten unserer Social-Media-Kanäle, wir sollten gefälligst unsere Kola verkaufen und ansonsten die Klappe halten. Das sehen wir ganz anders und beziehen Stellung zu Themen, die uns bewegen. Schließlich besteht ein Unternehmen aus Menschen, und die haben Meinungen und eine Haltung.

Unsere Gesellschaft steht vor einer Vielzahl von Herausforderungen.

- **Globale Klimaerwärmung:** Auf der UN-Klimakonferenz in Paris im Jahr 2015 im Rahmen der Klimarahmenkonvention der Vereinten Nationen (UNFCCC) haben sich

fritz-kola
GRENZENLOS FÜREINANDER
ÜBERALL
fritz-kola

über 163 Länder darauf geeinigt, die menschengemachte globale Erwärmung auf deutlich unter 2 °C gegenüber vorindustriellen Werten zu halten. Besser wäre es, wenn die 1,5 °C nicht gerissen würden. So arbeiten wir aktuell daran, auf dieses Ziel einzuzahlen und klimaneutral zu werden. Das ist nicht leicht, mit den zahlreichen im Buch beschriebenen Maßnahmen sind wir aber auf dem richtigen Weg.

- **Lokale Gesellschaft:** Wie können wir mit unserem Unternehmen einen positiven Beitrag für die jeweilige lokale Gesellschaft erbringen, in der wir tätig sind? Können wir ein Teil der lokalen Wertschöpfung sein, also mit Arbeit und Steuern vor Ort?
- **Liberalität und Demokratie:** Aktuell haben es liberale und offene Gesellschaften nicht leicht und müssen sich gegen Populismus und Ausgrenzung erwehren. Wie können wir diesen Tendenzen entgegenwirken und für eine liberale und demokratische Gesellschaft eintreten? Machen wir genug und machen wir das Richtige? Wir werden es auch in Zukunft herausfinden.

Eine unserer bekanntesten Aktionen waren unsere Großplakate zum G20-Gipfel im Sommer 2017 in Hamburg unter dem Motto „Mensch wach auf“. Wir wollten mit dieser Aktion die lokale Bevölkerung während des G20 dazu aufrufen, Haltung zu zeigen und sich an den Diskussionen rund um den

Gipfel zu beteiligen. Wir hatten Zweifel, ob dieser Gipfel wirklich relevante Themen wie Völkerverständigung, Bekämpfung des Klimawandels und eine gerechtere Verteilung des Wohlstandes voranbringt.

In den Monaten vor dem Ereignis wurde immer klarer: Das Treffen der Staats- und Regierungschefs und ihrer riesigen Gefolge würde die Stadt lahmlegen – und sie politisch aufwühlen, gerade weil es in Hamburg so eine ausgeprägte offene und liberale Grundhaltung gibt. Leider wurden die extrem fantasievollen Aktionen einer großen Menge friedlicher Demonstranten in der Wahrnehmung überlagert durch die Bilder brennender Barrikaden und Geschäfte.

Wir hatten vorher überlegt, wie wir auf das Gipfeltreffen reagieren sollten. Und kamen irgendwann auf die Idee mit den schlafenden Politikern – als Kontrast zu unserem Appell, aufzuwachen und alles für eine bessere Welt mit Demokratie, Umweltschutz und sozialer Gerechtigkeit zu tun. Nun musste nur noch entschieden werden, welche drei Politiker wir uns vornehmen und in ihrem Schlaf der Ungerechten stören wollten. Trump und Putin waren für uns gesetzt; und Erdoğan hatte sich auch qualifiziert. Unser Briefing für die Agentur und den Künstler Sutosuto lautete: künstlerisch hochwertig, nicht karikaturenhaft, nicht abwertend.

Viele waren uns dankbar für dieses Statement im Namen der Gipfelgegner.

Ein soziales Projekt, das uns seit jeher sehr gut gefallen hat, ist „Pfand Gehört Daneben“. Die 2011 von Matthias Seeba-Gomille gegründete Initiative hat Konsumenten dafür sensibilisiert, Pfandflaschen nicht in Müllbehälter zu werfen. Man kennt das: Es ist warm draußen, die Parks und Plätze füllen sich und viele kaufen in den umliegenden Spätis Bier, Kola und Limonade in Pfandflaschen, um gemütlich mit Freunden abzuhängen. Weil sie meist im nächsten Abfallbehälter entsorgt statt zurückgebracht werden, landen jährlich circa 180 Millionen Euro Pfand in Abfalleimern. Die Aktion „Pfand Gehört Daneben“ erinnert die Besitzer der leeren Pfandflaschen daran, sie ordentlich neben Abfalleimern abzustellen. So ersparen sie denen, die auf die Erlöse der gefundenen Flaschen angewiesen sind, das würdelose und mit Verletzungsgefahr verbundene Wühlen in Abfallbehältern. Zusätzlich landen deutlich mehr dieser Mehrweg-Flaschen zum Waschen und wieder Befüllen bei den Getränkeherstellern und nicht in der Müllverbrennung.

2015 löste sich die Gründerinitiative auf, weil Matthias die Arbeit aus Zeitgründen abgeben musste. Wir wurden gefragt, ob wir das Projekt weiterbetreiben würden. Wir fanden: Das passt perfekt zu unseren sozialen und ökologischen Werten. Seither stecken sehr engagierte fritzen viel Arbeitszeit und Herzblut in diese Initiative, um möglichst viele Hersteller von Getränken in Glasmehrweg von der Teilnahme an „Pfand

Gehört Daneben“ zu überzeugen. Deren Engagement ermöglichte uns auch, in besonderen Hitzeperioden die „Hitzehilfe“ zu unterstützen. Hier rufen wir mit Organisationen wie GoBanyo oder der Karuna-Sozialgenossenschaft dazu auf, obdachlosen Menschen in den Städten Wasserflaschen auszugeben. Der Erfolg lässt sich meistens an Bahnhöfen beobachten, wenn Wildfremde Obdachlosen geschlossene Wasserflaschen hinstellen und grüßend weitergehen.

Im Jahr 2020 haben wir nun über 80 Partner, viele davon ebenfalls Getränkehersteller, für „Pfand Gehört Daneben“ gewinnen können, um die Pfandgelder Bedürftigen leichter zugänglich zu machen. Wir haben außerdem angefangen, die Aktion als „Every Bottle Helps“ in die Niederlande und nach Polen zu tragen. Diese ersten Schritte dort sind eine echte Herausforderung, weil Pfandflaschen nicht so üblich sind wie hierzulande und wir noch viel Aufklärungsarbeit leisten müssen.

Häufig werde ich gefragt, wie groß der Raum für politische Statements innerhalb unseres Unternehmens oder aus ihm heraus ist, und was da ein vernünftiges Maß sein könne.

Wir sind hier anderen Unternehmen gegenüber im Vorteil, weil wir unsere Haltung von vornherein so transparent gemacht haben. Wer zu uns kommt, weiß genau, worauf er sich einlässt. Wer allergisch gegen die kulturelle DNA von fritz ist, wird nicht bei uns anheuern. Dieses öffentlich Posi-

tion beziehen beziehungsweise das Transparentmachen einer Haltung muss man als Marke und Unternehmen wollen. Es muss passen und alle müssen sich dahinter versammeln und die Haltung mittragen können. Auch die Auseinandersetzung intern wie extern mit der dazugehörigen Kritik, Streit oder Boykott muss man wirklich akzeptieren.

Die Zeitung *Die Welt* fragte mich 2016, ob fritz die politisch korrektere Kola sei. Meine Antwort drückt die ganze Ambivalenz aus, in der ein klassisches Unternehmen sich bewegt, wenn es zusätzlich zur Gewinnabsicht auch eine Haltung hat: „Wenn man das Produkt eines heimischen Herstellers kauft, tut man auf jeden Fall etwas für die lokale Wirtschaft. Für uns arbeiten vier [heute fünf] Abfüllbetriebe, die in Deutschland lokal produzieren. Wir haben keine Tochtergesellschaften, über die wir Gewinne in Steueroasen verschieben. Wir zahlen voll Steuern. Das ist ja heute schon etwas Positives, dass man als Unternehmen auch zahlt für die mitgenutzte Infrastruktur, die Bildung, das soziale Miteinander. Insofern Ja. Aber am Ende sind wir auch ein ganz normales, privatwirtschaftlich organisiertes Unternehmen."

Die Verknüpfung von Geschäftsinteresse und Engagement kann man auch kontrovers diskutieren. Als der von uns geförderte Film über die G20-Proteste im Hamburger Abaton-Kino gezeigt wurde, saß ich unter eher Links-Alternativen auf dem Podium und wurde als Vertreter der „bürgerlichen Mitte“ vorgestellt. Ich wurde wegen unserer Plakatkampagne mit den schlafenden Politikern kritisiert – weil sich unser politisches Statement kaum trennen lasse von der werblichen Absicht dahinter. Meine Antwort: Ja, wir müssen Geld verdienen. Und, ja: Wir haben eine Haltung. Und noch mal ja: Die beiden Dinge lassen sich nicht klinisch trennen. Wir nutzen unsere Stärke, um unsere Haltung zu transportieren. Und natürlich nützt uns diese Haltung umgekehrt auch bei unseren Fans, indem sie die Identifikation mit unserem Produkt verstärkt. Ich kann es auch zuspitzen, indem ich sage: Als Unternehmer und Kaufmann bin ich schon deshalb gegen Krieg und Rassismus, weil sie die für mein Geschäft notwendige Stabilität stören. Doch vor dem Blick auf die Bilanzen steht der Blick auf die Menschen.

Ich verstehe, dass die Gleichzeitigkeit von Haltung und Gewinnstreben für manche ein Geschmäckle hat. Wirklich verwerflich finde ich es allerdings nicht. Das wäre es nur dann, wenn unsere Haltung nicht echt wäre, sondern nur ein Marketing-Konstrukt. Aber das ist ja nicht der Fall. Unser früherer Marketing-Mann Patrick Keller hat es so ausgedrückt: „fritz-kola ist nicht einfach nur ein alternativer Laden, und auch nicht nur eine erfolgreiche Unternehmergeschichte, sondern beides – und das nicht fifty-fifty, sondern jeweils zu hundert Prozent.“

gründen mit einem freund?

Eine der am häufigsten gestellten Fragen lautet: Ist es eine gute Idee, mit einem Freund zusammen eine Firma zu gründen? Sollte man Freundschaft und Business nicht besser sorgfältig trennen? Nachdem Lorenz 2016 ausgeschieden war, kam diese Frage natürlich nochmals hoch. Ich weiß, dass viele Menschen die beiden Bereiche konsequent trennen – damit im Ernstfall nicht beide Stützen gleichzeitig wegbrechen, das Geschäft und die Freundschaft. Die Eltern eines Bekannten haben das höchst lukraktive Jobangebot eines Freundes immer wieder ausgeschlagen mit der Begründung: „Wir wollen mit dir befreundet bleiben und das nicht durch eine Geschäftsbeziehung gefährden."

Für mich ist es nach wie vor kein Fehler, dass ich mich mit meinem damals besten Freund Lorenz geschäftlich zusammengetan habe. Das wäre angesichts unseres Erfolgs ja auch reichlich absurd. In der Gründungs-Situation 2002 bildeten wir das perfekte Team. Wir waren seit der Pfadfinder-Zeit sehr enge Freunde. Als Studenten haben wir zwar nicht zusammengewohnt, aber ständig zusammen rumgehangen. Wir hatten auch denselben Musikgeschmack. Wir waren sogar zusammen auf Interrail-Tour, 1998. Beste Kumpels eben. Wir waren ähnlich gestrickt und haben uns gegenseitig bestärkt. Wir hatten ähnliche Einstellungen, Ziele und Vorlieben. Und wir haben meistens den Blick für die geschäftlichen Fakten behalten und nur selten aus Freundschaft auf klare Worte, Kritik und Selbstkritik verzichtet. Wenn man sich gegenseitig zu sehr schont, funktioniert so eine Verbindung von Freundschaft und Geschäft nicht.

Nachdem wir viele Jahre lang gemeinsame Erfahrungen gesammelt hatten als selbstständige Unternehmer, wurde uns individuelle Unabhängigkeit zunehmend wichtiger. Wir brauchten einander nicht mehr so wie am Anfang, als wir jung und planlos waren und erst mal irgendwie drauflosrannten. Es war gut, dass wir zu zweit waren. Dass wir uns sehr gut kannten, uns voll vertrauten. In unserem Fall war es die Basis unseres gemeinsamen Erfolgs. Eine ganze Zeit lang war es also genau richtig, das Geschäft zusammen mit einem Kumpel aufzubauen und zu betreiben. Und wie heißt es in der Bibel? Alles hat seine Zeit …

Man kann es ja auch mal umgekehrt sehen: Angesichts der Herausforderung und Verantwortung einer Unternehmensgründung ist es eigentlich ein Wunder, dass das Modell „Zwei Freunde werden Unternehmer“ überhaupt so lange gehalten hat, über alle biografischen und unternehmerischen Klippen der ersten 15 Jahre von fritz-kola hinweg.

Es ist wie bei manchen langjährigen Ehen: Man ist ein gutes Stück gemeinsam gegangen und entscheidet sich irgendwann, dass die Wege sich trennen, weil die Gemeinsam-

keiten aufgebraucht sind und die Unterschiede mehr Gewicht bekommen haben. Mir tun Leute leid, die dann nur noch negativ auf die vielen gemeinsamen Jahre zurückblicken – obwohl sie vielleicht tolle Kinder großgezogen und vieles andere zusammen erlebt und durchgestanden haben. Natürlich gibt es am Ende eines solchen Wegs oft Trauer oder auch Bitterkeit, aber das sollte die vielen guten Momente und Leistungen nicht entwerten.

Apropos Ehe: Wer eher rational als romantisch veranlagt ist, vereinbart gleich am Anfang, wenn noch alles gut ist, wie es im Falle einer Scheidung laufen soll. So ähnlich haben Lorenz und ich es auch gehalten: 2002 haben wir einen Gesellschaftsvertrag für unsere GbR geschlossen, ganz kurz und knapp – und der sah den „worst case" einer Trennung schon vor. Wir haben ganz am Anfang schon die Möglichkeit durchgespielt, dass wir irgendwann auseinandergehen. Und als der Fall dann eintrat, haben wir es auch genauso gemacht wie verabredet. Aber sehr lange war es ein Freundschaftsprojekt und keine nur geschäftliche Zusammenarbeit. Und ich finde es auch heute noch schön, dass es so war.

Dass wir unterschiedliche Charaktere waren, war für das Unternehmen übrigens ein Erfolgsfaktor. Unser bereits mehrfach erwähnter Freund Peter drückt das so aus: *Die Mischung und die positive Reibung haben's gemacht. Lorenz war eher kurz, knapp, sachlich; er hatte diese typische, direkte Ham-*

burger Art der Ansage. Ein bisschen wie Jan Fedder mit seiner Kodderschnauze: mal grimmig, mal großherzig, aber immer sympathisch und echt. Mirco ist eher ausgleichend und diplomatisch. Und beide sind sehr ehrgeizig und fleißig. Beide hatten dieses unternehmerische Denken und Handeln, aber auch die Verankerung in der Kiezszene und die klare politisch-gesellschaftliche Haltung.

Aber man soll die Probleme auch nicht schönreden: Der Ausstieg von Lorenz war die tiefste Krise, in der das Unternehmen jemals vor Corona war. Der damalige *MoPo*-Redakteur Matthias Onken, eine Art Patenonkel unseres „Babys“ fritz-kola, war auch damals nah an uns dran und hat später zu mir gesagt: *Wahrscheinlich ist es eine Mischung aus Professionalität, Disziplin und Glück, dass fritz das Ende eurer Freundschaft schadlos überstanden hat. Ihr habt es hinbekommen, ohne dass der Laden den Bach runtergeht. Und du hast die richtigen Gesellschafter geholt.*

Die schlimmste Zeit war eigentlich, als Lorenz und ich bereits wussten, dass unser gemeinsamer Weg zu Ende war, wir aber noch keine fertige Lösung präsentieren konnten, wie es weitergehen würde. Wir konnten also noch nichts sagen, obwohl in der Firma viele spürten, dass es seit einiger Zeit atmosphärisch nicht mehr stimmte. Theoretisch hätte ich damals auch allein weitermachen können. Aber das hätte bedeutet, dem Unternehmen den gesamten Kapitalbedarf für das Ausscheiden des Mitgründers aufzubürden. Dadurch

hätten wir über Jahre enorm hohe Kredite tilgen müssen. Zudem hätte ich mich als einziger Gesellschafter auf Gesellschafterversammlungen immer nur mit mir selbst austauschen können. Da war die Idee eines kompetenten Kreises von Mitgesellschaftern eindeutig besser.

Über einen Bankberater landete ich bei erfahrenen Beratern im Geschäft mit Unternehmensanteilen. Oje, wo war ich denn hier gelandet? Eben noch hatte ich im T-Shirt Kola an Cafés und Bars geliefert und nun saß ich in Konferenzen mit Leuten in Anzug und Krawatte, in altehrwürdigen Räumen mit Ölgemälden sinkender Schiffe an der Wand. Was für ein großartiger Humor, dachte ich. Ich plane die Zukunft meiner Kola – und auf den Bildern fahren Schiffe krachend auf die Küste.

Zum Glück lief fritz-kola so gut, dass genügend Geld für dieses Heer an Beratern vorhanden war. Wir schauten uns die unterschiedlichen Möglichkeiten eines neuen Gesellschafterkreises an – und wer dafür infrage kam. Der erste neue Mitgesellschafter war schnell gefunden: Dirk Lütvogt, in fünfter Generation Inhaber des Auburg Mineralbrunnens und zentraler Abfüllbetrieb für fritz-kola zwischen Osnabrück und Bremen. Ich schätze seine geerdete Art, und natürlich weiß Dirk alles über Abfülltechnik und Limonade. Als zweiter Mitgesellschafter fand sich Florian Rehm aus der Inhaberfamilie von Jägermeister Kräuterlikör. Florian ist im

positiven Sinne ein Marken-Nerd und löcherte mich mit Fragen rund um Markenführung und Internationalisierung. Als Unternehmer hat er zusätzlich eine Menge Erfahrung im internationalen Geschäft und der Entwicklung von Unternehmen. Ein unschätzbarer Wert, wenn wir uns „in Galaxien vorwagen, die noch nie ein Mensch zuvor gesehen hat“. Oder zumindest ich.

Das Wichtigste für mich ist: fritz-kola bleibt mit diesem Gesellschafterkreis unabhängig, und wir können weiter unser Ding machen. Nun brauchten wir nur noch eine Verstärkung der Geschäftsführung. Ich hatte zwar Erfahrung von der Gründung in der Garage bis hierher. Aber mir fehlte schlicht das Wissen und die Erfahrung, um alleine ein Unternehmen mit fast 300 Angestellten zu führen. Zu dieser Zeit

haben wir fritz-kola einzig über zwei Kennzahlen (KPI) geführt: Umsatz und Kontostand. Das ist nicht schlecht, reicht aber nicht für komplexere Situationen. Wir konnten Winfried Rübesam, einen international sehr erfahrenen Manager aus der Getränkeindustrie, dafür gewinnen, aus seiner Position als CEO von Brown-Forman Deutschland und Tschechien zu uns zu wechseln und als Chief Financial Officer (CFO) in die Geschäftsführung einzusteigen. Winfried und ich kannten uns von gemeinsamen Mittagessen zum Austausch über Marken- und Vertriebsthemen und teilen ein Stück weit eine gemeinsame Vergangenheit: Beide waren wir bei den Pfadfindern aktiv und haben ein gemeinsames Verständnis einer intakten Natur.

Der Umbau des Gesellschafterkreises 2016/17 hat mich an meine Grenzen gebracht – physisch, psychisch und auch finanziell. Mich täglich mit Bankern, Investoren und Beratern zu treffen, ließ in der Konsequenz die Aufmerksamkeit für die fritzen, die bei uns die Arbeit machen, vermissen. Während ich mich ja ein gutes Jahr lang darauf einstellen konnte, dass es fritz-kola irgendwann ohne Lorenz geben würde, war es für viele bei fritz wie eine Amputation ohne Narkose. Plötzlich war einer der beiden Gründer einfach weg. Niemand hätte sich das vorstellen können. Lorenz' Ausstieg hat viele richtig hart erschüttert – schon deswegen war es nötig, dass er erst bekannt gegeben wurde, wenn ich eine neue

Lösung präsentieren konnte. Aber dass mich die Erschütterung der Leute damals teilweise überrascht und überfordert hat, zeigt mir, wir sehr ich damals mit dem Prozess an sich beschäftigt war.

Unser Trennungsprozess wurde, so weiß ich heute, zu spät eingeleitet und hat sich dann auch viel zu lange hingezogen. Das hat das Unternehmen und die Mitarbeiter, Frauen wie Männer, zusätzlich sehr belastet. Das Ganze hätte viel schneller gehen können und müssen. Hinterher ist man eben meistens schlauer. Mein Tipp für alle, die es besser machen wollen: sich die Trennung so früh wie möglich klarmachen und die nötigen Prozesse einleiten. Das heißt: gute Berater kennenlernen sowie Zeit und Ressourcen einplanen, wie die Mitarbeiter eingebunden oder abgeholt werden.

25 regeln, die für mich als unternehmer funktioniert haben

Hier noch mal in Kurzform die Grundsätze, die mir in meinem Unternehmer-Dasein geholfen haben – oder hätten. Manches habe ich erst im Nachhinein, aufgrund einiger Erfahrungen, für mich erkannt und formuliert. Sie sind nicht der Weisheit letzter Schluss, aber für mich das kleine Einmaleins meines Unternehmertums.

persönliches

Geduld und Ausdauer. Durchhaltevermögen ist extrem wichtig. Man muss den unbedingten Willen haben, es zu schaffen. Gerade die ersten Jahre sind hart: Man ertrinkt in Arbeit und weiß zu dem Zeitpunkt noch nicht, ob es sich am Ende lohnen wird. Ich habe anfangs, wenn die Miete runter war, von 300 bis 400 Euro gelebt. Diese Entbehrungen muss man aushalten können.

Authentisch sein und trotzdem seiner Rolle im Unternehmen gerecht werden. Authentisch in seinen Werten und Überzeugungen; der Rolle gerecht, wenn es um Kalkulierbarkeit für das Team im Unternehmen geht. Meine langjährigen Freunde beklagten zwar öfter, dass ich zu wenig Zeit habe für sie – aber alle bescheinigen mir, noch derselbe zu sein wie früher.

Das Gleichgewicht zwischen Vertrauen und Vorsicht finden. Ich bin mehrmals richtig reingelegt worden. Trotzdem habe ich mich bewusst entschieden, weiterhin erst mal jedem zu vertrauen – auch auf die Gefahr hin, mal zu verlieren. Dafür gewinne ich mit denjenigen, die das Vertrauen rechtfertigen, dann doppelt.

Bereit sein für vielviel Arbeit. Es wird immer ein Sack voll Arbeit sein – auch wenn es läuft.

Such dir einen Coach! Niemand ist vollkommen, und niemand kann alles alleine. Damit man in angespannten Situationen nicht kollabiert oder ausrastet, sollte man sich selbst gut kennen. Das geht am besten mithilfe eines guten Trainers oder einer guten Trainerin.

strategisches

Das Geld zusammenhalten. Wir wollten uns auf keinen Fall verschulden, sondern haben immer nur das Geld ausgegeben, das wir schon eingenommen hatten. So konnten wir unabhängig bleiben. Allerdings gehört dazu auch: Wenn Du mal nicht pünktlich zahlen kannst, steck auf keinen Fall den Kopf in den Sand, sondern melde Dich sofort und von Dir aus bei allen Geschäftspartnern. Sich totstellen ist schlicht nicht clever.

Seine vier Ps im Griff haben: Product, Price, Place, Promotion. Bin ich mit dem, was ich da tue, draußen wirklich relevant?

Die Identität nicht aus der Hand geben. Die Oberhoheit über die Marke, ihre Pflege und Weiterentwicklung gehört nicht in eine Agentur, sondern ins Haus.

der Markt

Kritischer Blick auf die Qualität. Kann ich das wirklich so auf den Markt bringen? Würde ich das selbst verschenken oder geschenkt haben wollen? Überzeugt es die Kunden so, wie es jetzt ist? Einen Markteintritt mit einem unzulänglichen Produkt kann man nicht wieder rückgängig machen.

Rausgehen. Man sollte regelmäßig dort unterwegs sein, wo die Kunden sind. In der Blase des eigenen Büros verliert man den Kontakt zum einzig relevanten Geschehen: dem Markt.

Picobello auftreten. Egal, wie lässig der Stil im Unternehmen ist: Den Kunden sollten alle Mitarbeiter immer sauber und ordentlich gegenübertreten. Das gilt für Klamotten, Haare, Autos, Unterlagen und so weiter. Das hat mit Respekt zu tun, aber auch mit Vertrauenswürdigkeit. Wenn die fehlt, gibt es auch keinen Umsatz.

unternehmenskultur und führung

Klare Regeln aufstellen – und diese auch selbst einhalten.

Strukturen schaffen. Frühzeitig Abläufe und Zuständigkeiten klar organisieren. Chaos mag ja charmant wirken, aber es nervt und kostet.

Kritik und Krisen als Chance betrachten. Wenn einem der Wind ins Gesicht bläst, bringt einen das mitunter weiter voran, als wenn alles glatt läuft. Kritik und Krisen sind wertvoller als Lob. Daraus folgt: Kommunikationsräume für Unzufriedenheit schaffen. Gründen für Probleme nachgehen, allerspätestens in Austrittsgesprächen. Und nie den Boten für die schlechten Nachrichten bestrafen.

„Geht nicht"-Denkweise gegen „Can do" Mentalität tauschen. Pragmatisch an die Themen rangehen. Irgendwie geht es immer.

Diskussionen nicht dominieren. Den anderen den Raum und die Priorität in Diskussionen und Meetings geben.

Die Leute mitnehmen. Kommunizieren, kommunizieren, kommunizieren. Echt anstrengend, aber notwendig.

Zuhören – entscheiden – weiter zuhören. Man soll alle guten Argumente ernst nehmen und abwägen, dann den Mut zur Entscheidung haben – und sich mit dieser Entschei-

dung nicht in einen Bunker zurückziehen. Die gut begründete Korrektur eines Fehlers ist besser als das prinzipienfeste Festhalten daran.

Harte Schnitte schnell vollziehen. Sobald man spürt, dass eine weitreichende Entscheidung getroffen werden muss, sollte man schnell und klar handeln. Eine lange Phase der Ungewissheit richtet nur unnötigen Schaden an und heilt nichts, sondern macht alles nur noch schlimmer. Und wenn es schockhafte Veränderungen sind, müssen die Mitarbeiter gut informiert und danach aufgefangen und begleitet werden.

dies und das

Historische Dokumente archivieren. Das haben wir am Anfang nicht gemacht und nicht ernst genommen, was ich heute sehr bereue. Auch wenn man es sich noch nicht vorstellen kann: Irgendwann will man das Original der Gewerbeanmeldung, den ersten Business-Plan, den ersten Prototypen, die erste Werbeanzeige, den ersten Vertrag und so weiter gerahmt an eine Wand in der neuen Firmenzentrale hängen …

Auf Shitstorms schnell reagieren. Wenn es im Netz drunter und drüber geht, kommt es vor allem aufs Tempo an. Schnell, klar und mit kurzen, verständlichen und natürlich überprüfbar korrekten Statements reagieren. Und zwar auch, wenn es am Freitag um 19 Uhr losgeht. Am Montagmorgen ist es viel zu spät.

Betriebsblindheit vermeiden. Der regelmäßige Blick von außen auf die Kommunikation und das Produkt („Hausfrauentest“) hilft dabei, Unverständlichkeiten, Fehler und Peinlichkeiten zu vermeiden.

Rechtsstreits vermeiden. Dein Tag hat nur zwölf Stunden. Vor Gericht gehen heißt, viele eigene Kräfte binden: Aufmerksamkeit, Nerven, Zeit, Geld. Ist Rechthaben das wert? Aber nach dem Prinzip „Der Klügere gibt nach“ zu leben, gelingt mir auch nicht jeden Tag.

Steuern sind okay. Vielen ist nicht klar, wie sinnvoll – und wie teuer – eine steuerfinanzierte Infrastruktur ist. Unternehmen profitieren davon besonders und sind darauf angewiesen – sie sollen auch ihren Beitrag dazu leisten.

Haltung zeigen: Wir leben in so spannenden Zeiten, dass es für mich unvorstellbar ist, keine Haltung zu gesellschaftlichen Themen zu haben – und diese mit Hilfe der Reichweite als Unternehmer auch zu äußern. Aber Achtung: Haltung ist auch mal unbequem und anstrengend.

nachwort

Im Februar 2020 war die erste Fassung dieses Manuskripts praktisch abgeschlossen – und ich wollte das zweite Mal in zwanzig Jahren einen richtig langen Urlaub antreten. Ich wusste, dass fritz in guten Händen sein würde während meiner Abwesenheit.

Zwei Tage vor meiner geplanten Abreise jedoch zeigte sich: Die Pandemie-Lage spitzte sich international (und bald auch national) so zu, dass der Käpt'n unmöglich von Bord gehen konnte. Bis dahin hatte ich geglaubt, eine forderndere Situation als den Ausstieg von Lorenz und den Gesellschafterwechsel könne fritz gar nicht erleben. Aber nun gerieten wir in noch schwereres Fahrwasser. Als Unternehmen, das wesentliche Teile seines Umsatzes in der Gastronomie und bei Events wie Festivals macht, mussten wir schnell und entschlossen reagieren, um nicht auf Grund zu laufen. Wir haben seit März 2020 Umsätze in Millionenhöhe verloren, die sich auch nicht werden nachholen lassen.

Nach der Schließung der Lokale brach unser Umsatz buchstäblich über Nacht, in der ersten Schockstarre, um sage und schreibe 80 Prozent ein. Weil die Gastronomie dichtmachen musste, kamen praktisch keine Bestellungen mehr aus dem Getränkefachhandel. Teilweise gab es sogar Anfragen, ob Ware zurückgegeben werden könne, was wir aber ablehnen mussten. (Als die Gastronomie wieder öffnete, dauerte es zwei Wochen, bis die Restbestände in den Kneipenkellern und im Getränkehandel aufgebraucht waren und wieder Bestellungen kamen.)

Der Lebensmitteleinzelhandel lief gut, die „Hamsterkäufe“ galten aber eher Wasser, Klopapier und lagerfähigen Lebensmitteln. In den Supermärkten und der dazugehörigen Logistik hatte niemand mehr Zeit, sich um Kola, Limonade und Schorle zu kümmern. So blieben die Regale leer und es wurde über Tage nicht mehr nachbestellt. Zusätzlich gab es keine Transportkapazitäten, weil die Getränketransporter ausschließlich mit der „Bunkerware“ Mineralwasser beladen wurden. Als wir nach einiger Zeit des Lockdowns begriffen, dass die Mitarbeiter in den Supermärkten ausschließlich mit Vorratsgütern wie Klopapier, Mehl, Zucker, Nudeln etc. beschäftigt waren und sich um das Nachbestellen und Einräumen von Limonade einfach nicht kümmern konnten, gelang es uns, einen Teil unserer Leute zu motivieren, aus der Kurzarbeit herauszukommen und trotz des unklaren Infektionsrisikos in die Läden zu gehen, um dort die fritz-kola-Regale aufzufüllen. Zusätzlich brach der Umsatz, den wir mit Kantinen und Cafeterias in Betrieben machen, weitgehend weg, weil nahezu alle Bürotätigkeiten aus dem Homeoffice erledigt wurden.

Auch das Auslandsgeschäft kam praktisch vollständig zum Erliegen – es krachte buchstäblich auf null runter. Während wir im deutschsprachigen Raum schon bekannt genug sind, um auch in Supermärkten nachgefragt zu werden, sind wir im restlichen Europa bisher fast ausschließlich eine Gastronomie-Marke. Nun schlossen also weltweit alle Cafés, Bars, Restaurants, Clubs … kurz: alle Orte, an denen Menschen gesellig zusammenkommen und grundsätzlich auch eine fritz-kola genießen würden. Einige unserer lokalen Partner wurden so hart getroffen, dass es lange dauern wird, bis sie ihr Vorkrisenniveau wieder erreichen.

Im März 2020 haben wir erst einmal sofort und aufgrund der unklaren Situation drastisch reagiert: Wir haben Kurzarbeit zu 100 Prozent für praktisch die gesamte Belegschaft beantragt; nur ein ganz kleines Krisen-Team blieb an Bord und sorgte für die Abwicklung vorhandener Aufträge, nahm Anrufe und die Post entgegen. Es war ziemlich gruselig, durch die leeren Büroräume zu gehen und die verwaisten Schreibtische zu sehen, ohne eine Ahnung zu haben, wie lange das so gehen würde. Wir hatten in den Monaten zuvor zum Glück unsere Digitalisierung so weit abgeschlossen, dass wir alle bei fritz-kola über Online-Video-Konferenzen erreichen konnten. Unter dem Motto #zusammendadurch konnten wir nun in regelmäßigen, virtuellen Treffen die Mannschaft über die nächsten Schritte informieren und versichern, dass wir als Team gemeinsam durch diese Krise gehen werden.

Dank der Kurzarbeiterregelung übernahm der Staat unseren größten Kostenblock, die Personalkosten inklusive Sozialabgaben. Wir können unserem funktionierenden Sozialstaat und der solidarischen Gesellschaft nur dankbar sein für die Bereitschaft und Fähigkeit, Unternehmen auf diese Weise vor der Insolvenz oder vor Massenentlassungen zu bewahren. Als Gesellschaft werden wir für die Kosten zwar nach der Krise möglicherweise über höhere Steuern wieder zurückzahlen, aber immerhin wird es uns und die Arbeitsplätze dann noch geben.

Da wir nicht selbst produzieren, waren die restlichen Fixkosten bei fritz überschaubar; es sind vor allem die sogenannten „Gehäusekosten“ (Büromiete, Strom etc.). Die höchsten Fixkosten haben die Produktionspartner, also die Abfüller, die erheblich gelitten haben. Noch mehr Sorgen machten und machen wir uns um unsere Partner in der Gastronomie und der Eventbranche – diese Branchen waren und sind ja mit am härtesten von der Corona-Krise betroffen. Und nicht zu vergessen sind auch unsere Mitarbeiter: Sie saßen tatenlos zu Hause und hatten weniger Geld zur Verfügung als vorher.

Unsere verbliebenen Fixkosten konnten wir dank der Kurzarbeiterregelung aus dem verbleibenden Umsatz de-

cken. Das funktionierte aber nur, weil wir alle flexiblen Budgets sofort runtergefahren haben, dass sich die Balken bogen. Unser Ansatz war, mit allen zu sprechen und offene Rechnungen zu begleichen, aber mit neuen Aufträgen erst mal abzuwarten, bis klar war, wie sich die Lage entwickelt. Immer verbunden mit der Zusage, so bald wie möglich wieder durchzustarten. Wann dies sein würde, war gerade zu Beginn der Pandemie nicht abzusehen. Wir stellten uns also auf eine lange, harte Zeit ein.

Ab Mai 2020 gingen die Umsätze im Lebensmittelhandel allmählich nach oben. Die Leute stellten sich auf eine längere Zeit daheim ein, der Sommer kam und man wollte sich etwas Gutes gönnen. Fritz-Getränke liefen jetzt sogar in Stadtteilen gut, in denen wir bisher kaum Einzelhandels-Umsatz gemacht hatten. Wir merkten, dass es nicht so schlimm bleiben würde wie am Anfang, und trauten uns, wieder Geld auszugeben, etwa für Sponsoring in einem kleinen, eher symbolischen Rahmen. So haben wir zusammen mit anderen wie zum Beispiel der Drogeriemarktkette Budnikowsky und dem FC St. Pauli Shirts für „Clubretter“, „Festivalretter“ etc. verkauft und den Erlös an die gebeutelten Partner verteilt.

Die Gastronomie-Umsätze zogen im Sommer ebenfalls wieder an – nach der langen Isolation, für die wir Menschen ja nicht gemacht sind, waren die Leute gierig nach Geselligkeit und sozialem Austausch und gingen wieder in Lokale.

Die übliche August-Delle in unserem Umsatz fiel 2020 sogar aus, weil so viele ihren Urlaub in Deutschland verbrachten. Den Sommer über konnten wir fast alle zu 100 % aus der Kurzarbeit zurückholen.

Leider begann dann im Herbst 2020 die zweite Pandemie-Welle, gefolgt von einem fast nahtlosen Übergang in die dritte Welle im Frühjahr 2021. Wie sie sich auf unsere Partner und auf uns selbst auswirken wird, stand bei der Fertigstellung des Manuskripts noch in den Sternen. Über Winter mussten wieder viele fritzen in Kurzarbeit oder konnten nur tageweise arbeiten. Erst mit den ersten warmen Tagen im März konnten wir für alle die Kurzarbeit beenden.

Langfristig rechne ich damit, dass der Gastronomie-Anteil an unserem Umsatz mindestens wieder die alten Umsätze erreichen wird. Das Bedürfnis, mit anderen Menschen Zeit in Cafés, Clubs und Restaurants zu verbringen oder auf ein Festival zu gehen, dürfte eher noch steigen. Die Erfahrung, auf Begegnungen verzichten zu müssen, hat vielen Menschen deren Wert erst recht vor Augen geführt.

Eine größere Rolle als bisher wird das Phänomen „Homeoffice“ spielen – fritz-Fans werden sich ihr Lieblingsgetränk in größerem Maße als bisher nach Hause liefern lassen oder im Einzelhandel besorgen. Und auch für uns als Unternehmen und für die Wirtschaft insgesamt hält die Corona-Krise eine klare Lehre bereit: Homeoffice funktioniert. Alle arbeiten ebenso gewissenhaft und zuverlässig wie im Büro. Die Arbeits- und Lebenszufriedenheit stieg anfangs, weil das Pendeln entfällt und eine freiere Zeiteinteilung möglich ist. Produktive Stunden werden nicht mehr in überfüllten S-Bahnen oder im Stau verplempert. Nun, nach so langer Zeit, stößt Homeoffice in diesem Ausmaß aber an seine Grenzen. Neue Kollegen tauchen nur noch virtuell auf, zu etlichen Leuten verschwindet der Kontakt und vielen fällt zu Hause auch die Decke auf den Kopf. Eine Kultur des Miteinander aufrechtzuhalten, fällt zunehmend schwer. So hoffen wir, bald die Pandemie so weit im Griff zu haben, dass wir ein Maß an Präsenzarbeit und Homeoffice ausbalancieren können, das ein echtes Miteinander, einen Austausch untereinander wieder ermöglicht.

Während des tiefsten Corona-Tals fiel mir auf, dass es auch in den am härtesten getroffenen Branchen Unternehmer gab, die versuchten, das Beste aus der Situation zu machen, etwa durch Outdoor-Veranstaltungen (die wir ein wenig sponserten) oder indem sie – wie zum Beispiel Falco Warmbold von der „Gloriabar" – ihr Lokal auf Zeit in einen Lebensmittelladen umwandelten, um den Anblick heruntergelassener Rollläden zu vermeiden. Die Veranstaltungen ersetzten den Gastronomen den entgangenen Umsatz natürlich in keiner Weise, aber sie sahen dem Unheil nicht tatenlos zu. Auch einer unserer Außendienstler nutzte die erzwungene

Tatenlosigkeit und organisierte in seinem Gebiet ein Autokino, ein anderer baute einen Online-Bierversand auf. Den Kampfgeist und Ideenreichtum, den Leute mit dem Unternehmer-Gen in dieser Situation zeigten, habe ich bewundert. Sie suchten auch in scheinbar aussichtsloser Lage nach Lösungen. Wie schon ausgeführt: Unternehmergeist beweist sich nicht im sicheren Hafen, sondern in rauer See.

Ich selbst habe während der Corona-Krise wieder mal gemerkt, wie wichtig es für mich ist, dass ich mir durch den Weg in die Selbstständigkeit das Privileg der Unabhängigkeit erarbeitet habe. Das Gefühl, einer Situation ausgeliefert zu sein, würde mir zutiefst widerstreben – das verbindet mich sicher mit den meisten anderen Unternehmern. Auch in einer Krise haben das Team um Winfried und ich das Ruder in gewisser Weise noch in der Hand und können mit einem erstklassigen Team die Reise fortsetzen.

danke

Ein Buch zu schreiben ist, genau wie ein Unternehmen aufzubauen, ein Gemeinschaftswerk. Hier möchte ich allen danken, die dabei waren und sind:

Ein Dank allen Frauen und Männern, Jungs und Mädels, die fritz-kola und mich über all die Jahre begleitet haben …

Meinem Mitgründer Lorenz für die intensive und schöne Zeit der ersten Jahre. Unvergessen unsere Geschäftsessen bei Spaghetti Bolognese. Steffen Laube und Christian Augusta und ihre Berlin-Connection; spezieller Dank an „fahrt schon mal vor, ich komme dann nach. Ihr müsst nur klopfen und sagen: ihr kommt von Steffen." Unvergessen und oft erzählt: Martin Drechsler und unsere Einsätze im Wendland, Juan Gravalos und sein Einsatz beim Griechen in Frankfurt, Norman Sonnenrein als Held hinter den Kulissen, Ulli Bächle für unzählige Stunden in Süddeutschland und der Schweiz.

Ein großer Dank gilt Dirk Lütvogt, unserem Mit-Unternehmer und Gesellschafter vom Auburg Mineralbrunnen. Er glaubte schon an fritz-kola, als andere uns noch nicht kannten und ermöglichte erstmals unsere Produktion auf modernen Anlagen. Dirk starb überraschend, während das Buch in die Fertigstellung ging. Dirk, wir werden Dich und Deine ehrliche und verbindliche Art vermissen.

Ein Dank an Dr. Oliver Thomas Domzalski für die vielen Stunden der Gespräche und des Aufschreibens, dem Lektorat unter Silvie Horch, Ely Elisabet Scholle als zähe Projektleiterin, Katha Rehder für das Rückenfreihalten, Rocket and Wink fürs Buch-Cover, Daumenkino und ihr geniales Design über all die Jahre, Rebea, Sascha, Jana, Patrick, Falko, Gerrit, Himmi, Thorsten, Matthias, Peter, Joachim, Lars, Flo und Azadeh ein Dank für alle Eure Geschichten.

Danke allen Getränkehändlern. Wir sind Eure größten Fans.

Dieses Buch beschreibt die Jahre als Start-up und die Transformation in eine europäische Indie-Brand. Daher ein besonderer Dank meinen europäischen Wegbegleitern wie Sune aus Kopenhagen, Luis Figueira aus Portugal, den Kollegen aus Moskau, Claudio von Dewisa in der Schweiz, Jean-Luc von IBB aus Frankreich, Tarmo aus Estland, Filip aus Prag, Andre aus Odessa, Bas aus Amsterdam, Nicolas aus Brüssel, Bruno aus Luxembourg, dem polnischen Koffeinkartel, den Kollegen Ammersin und Del Fabro Kolarik aus Wien, Morandell aus West-Österreich, Stefan von Gevos aus Südtirol.

Mein letzter und größter Dank gilt meiner Familie und allen gegenwärtigen und zukünftigen fritzen. Danke für jetzt und eine große Vorfreude auf die Jahre, die kommen mögen. Das Beste liegt vor uns.

© Eva Häberle

Mirco Wolf Wiegert, geboren 1975 in Hamburg, studierte – nach Zivildienst und Ausbildung in einer Spedition – Außenwirtschaft und internationales Management. Zusammen mit einem Freund aus Pfadfindertagen gründete er 2003 fritz-kola. Als geschäftsführender Gesellschafter ist er der Unternehmer hinter der Indie-Brand.

Abbildungsverzeichnis

Abbildungen im Buch Schwarzweiß: © fritz-kola
Fotos im farbigen Bildteil: © Mirco Wolf Wiegert bzw. fritz-kola, außer:
Seite 8/9 Party: © Thomas Sprenger
Seite 12 oben, Trink aus Glas: © Pretty Good People
Seite 12 unten, Flaschenwaschmaschine: © Florent Jalon
Seite 13 unten, G20-Gipfel: © Thomas Sprenger
Seite 14 unten, Hafendieb: © Christian Perl
Seite 15 oben, mit Kathi und Winfried: © Maurice Rieger

mit den pfadfindern in schweden

einer unserer ersten kunden überhaupt, die „gloriabar" in hamburg-eimsbüttel

mein zweiter bulli, nachdem der erste kaputtgegangen ist. der schriftzug war schon drauf, als ich ihn von anderen studenten gekauft habe

das büro im lokstedter steindamm mit anna, britta und norman

auf einer gastronomie-messe. für diesen stand haben wir alles selbst gebastelt und beklebt: banner, spiegel, kühlschrank ...

einer unserer ersten kunden in berlin, das „café wahrhaft nahrhaft“, hier noch im gebäude von mtv fernsehen (franziska gebert, betty muschen)

mein vater besucht mich auf der internorga-getränkemesse

eines unserer ersten werbemittel. bei ikea gekaufte lampe, von hand mit aufklebern versehen und dann in die bars geliefert. billig und in kleinen stückzahlen verfügbar

tanja schuster bei der lagerolympiade

unsere allererste lagerhalle, der per ratenkauf angeschaffte golf davor

anjola nach dem erfolgreichen relaunch

die krake auf dock 11 im hamburger hafen

mit steffen laube, unserem ersten mann in berlin

das plakat nach unserer zusicherung, dass wir keine rot-weiße cola mehr auskippen

fritz
beim kauf von

usebrause.

ich auf dem weg in den süden, zu unserem
österreichischen abfüller

unsere ersten kunden in großbritannien – florian und azadeh

das banner gegenüber der „roten flora" im hamburger schanzenviertel

unser protest
gegen die
plastikflaschen-
flut

verunglückter
lkw auf dem weg
zum abfüller

unsere flaschen,
bevor sie in die
flaschen-wasch-
maschine
kommen

speed für waldorfschüler

unsere „mensch-wach-auf"-kampagne anlässlich des g20-gipfels in hamburg

eine deutsche mittelstandsinitiative gegen fremdenhass

„pfand gehört daneben"
in kooperation mit hafendieb

für einen perspektivwechsel und
mehr menschenwürde

mit kathi (markenchefin) und winfried rübesam
(co-geschäftsführer)

in chemnitz bei der „demo gegen rechts"

pandemie-hilfe in kollaboration mit dem fußballverein st. pauli
und dem clubkombinat

das fritz-führungsteam: zweite reihe, von links nach rechts: lukas steinberg, valerie karbowski, marlene vaick, winfried rübesam, philipp beindorff, ivonne anton, lars schlatermund, oliver moritz, folke dienstbir, oliver heimburger, mathis weber, stefan menzel, björn knoop, oliver kelch, marcus groh, joachim stürken, katrin bartilla, katharina weichel. vorne: mirco, christoph gröne